Disney ⭐ Bedtime Story

원서 스토리북

Contents

Dumbo 5

Alice in Wonderland 17

The Jungle Book 29

Bambi 41

The Lion King 51

One Hundred and One Dalmatians . . . 63

This book belongs to:

_____

Once there was a baby elephant named Dumbo. Dumbo's mother loved everything about him, but all the circus animals called him that because he had big floppy ears.

Dumbo was proud to be part of the circus parade. But when he tripped over his BIG FLOPPY EARS, everyone laughed. Poor Dumbo felt terrible.

He felt even worse when some boys made fun of him.

Dumbo's mother picked up one of the boys to stop him from harming her son. But the Ringmaster saw this and, fearing she was violent, took her away.

With Dumbo's mother gone, Timothy Q. Mouse felt sorry for the little elephant.

"I think your ears are BEAUTIFUL," Timothy told him.

That is how Timothy and Dumbo became BEST FRIENDS.

But the other elephants didn't like Dumbo's big floppy ears. Dumbo wasn't allowed to perform with them anymore. It made him SAD.

Dumbo didn't think he'd ever fit in. He was too
DIFFERENT.

One night, Dumbo dreamed he could FLY!

Timothy told Dumbo that all he needed was to BELIEVE in himself and he could make the impossible come true. Dumbo trusted Timothy, so he believed in himself extra hard.

And that is how Dumbo became A FLYING ELEPHANT! Thanks to believing in himself, and a little bit of FRIENDSHIP, Dumbo became the most famous elephant in the world. He was also reunited with his mom.

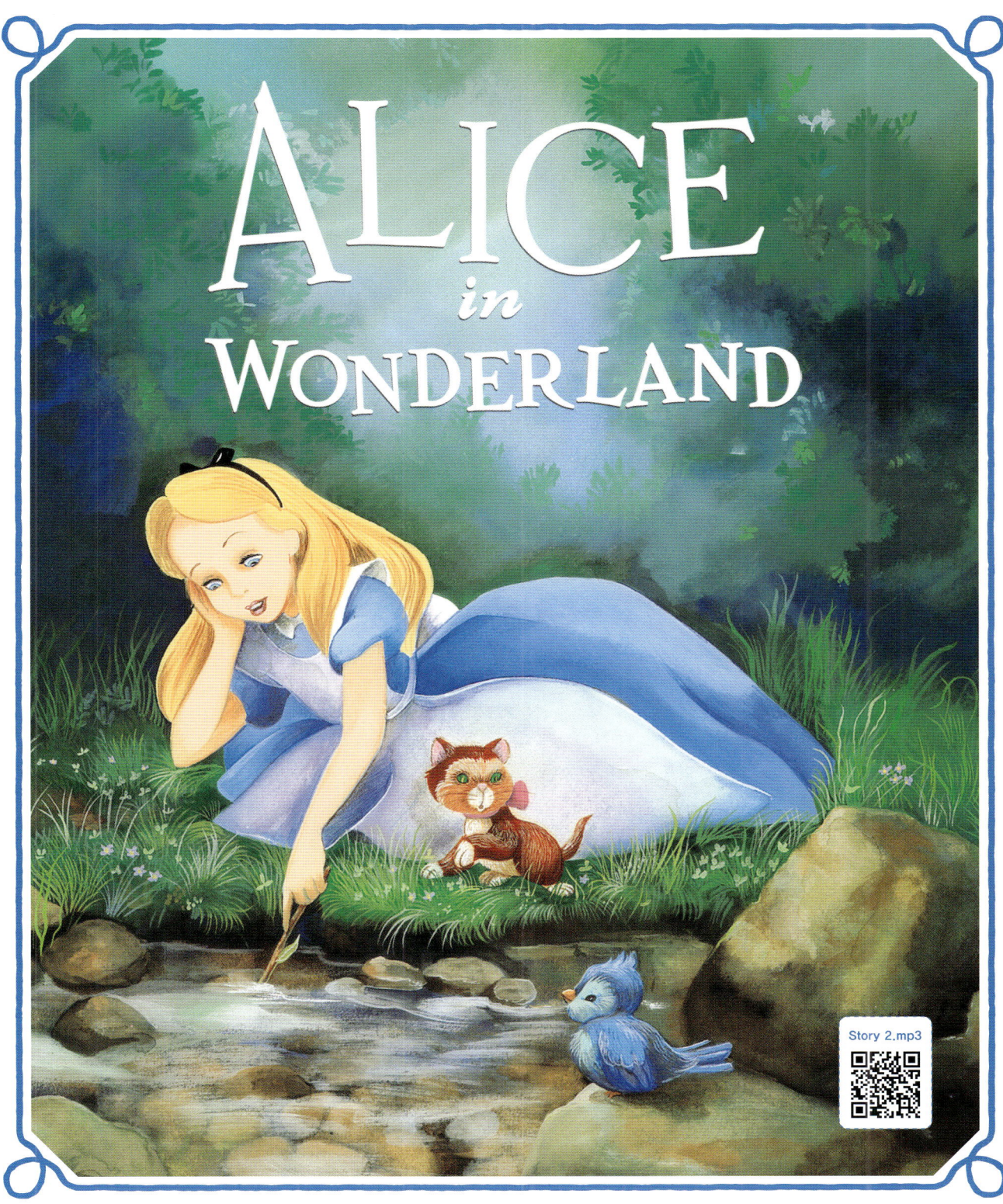

One day, a girl named Alice saw a white rabbit with a watch. He also spoke, and he said that he was very late. Then he disappeared down a RABBIT HOLE.

Alice was a curious girl, so she followed him to **WONDERLAND**. There, nothing made much sense. For example, Alice drank a potion that made her very small!

Later she became VERY BIG.

TWEEDLEDEE and **TWEEDLEDUM**, two brothers who liked to recite poems, lived in Wonderland.

There was also a field of BEAUTIFUL FLOWERS. For a moment, Alice thought she heard one talk.

As she walked in Wonderland, Alice saw butterflies with bread for wings and a caterpillar who liked recitation.

But Alice most wanted to see the White Rabbit. She was CURIOUS what he was late for.

"If I were looking for a white rabbit," said a CHESHIRE CAT, "I'd ask the Mad Hatter."

Then he disappeared.

Alice found the Mad Hatter. He was already with the White Rabbit!

"No wonder YOU'RE ALWAYS LATE. This clock is exactly two days slow," the Mad Hatter told the White Rabbit, and popped open his watch.

The watch exploded and the White Rabbit fled.

Alice was upset. She had lost the White Rabbit again! But Alice still had more wonders to see—like the **QUEEN OF HEARTS**.

The Queen of Hearts had an army of cards at her beck and call. She also had quite the temper.

"OFF WITH HER HEAD!" the Queen yelled, speaking of Alice. Alice thought she was doomed!

Just then, Alice heard a voice.

It was her sister!

Alice woke up and realized she was back at home. She decided that no matter how grown-up she became, she would always remember the WONDERS OF WONDERLAND.

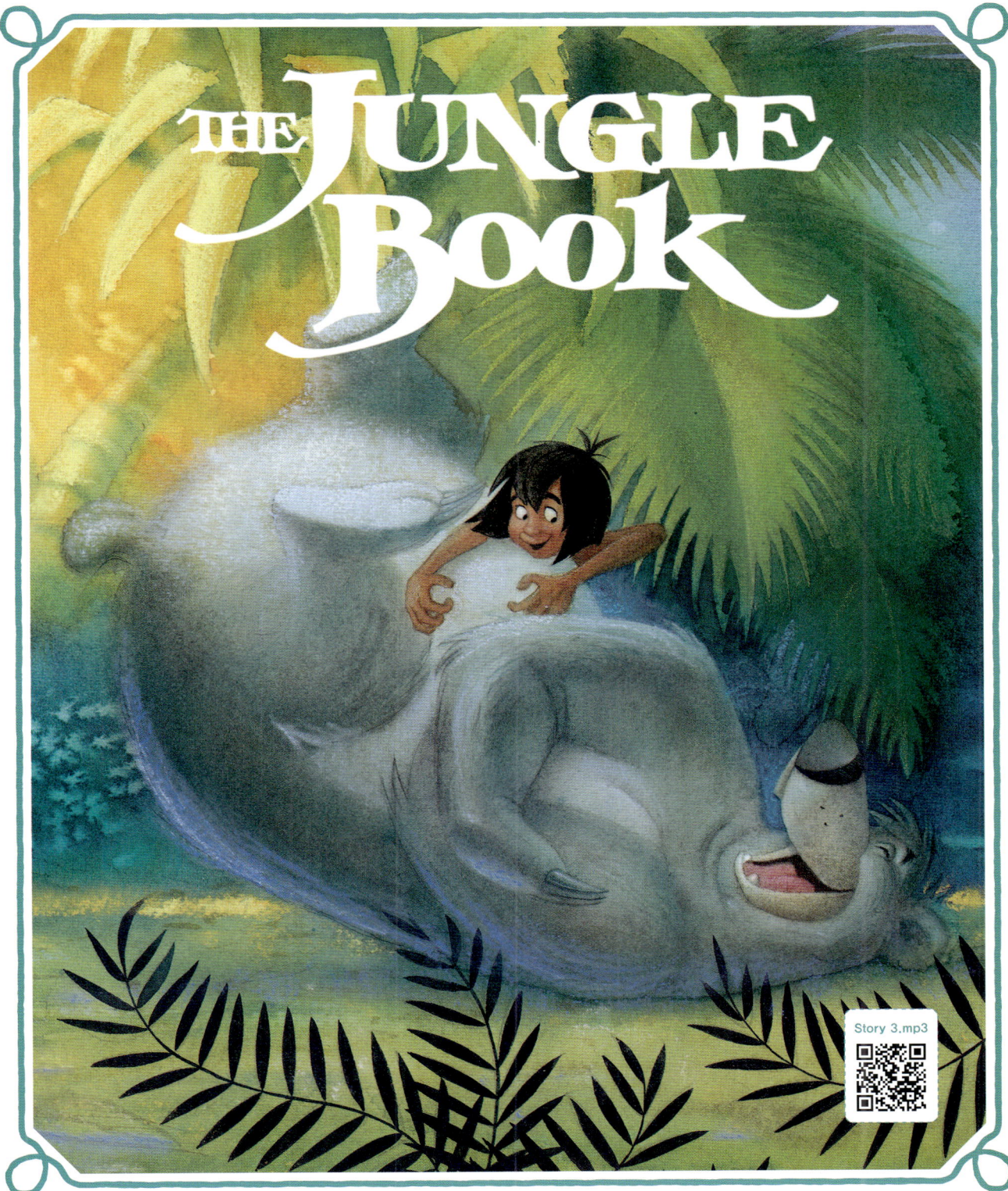

Long ago, in India, there was a boy named Mowgli. Mowgli wasn't like other boys: he lived in the jungle. And although Mowgli was **VERY HAPPY**, he never felt like he fit in.

Mowgli was raised by a pack of WOLVES. They liked how brave he was, like he was one of the cubs.

But one day, the pack learned that a MEAN TIGER was coming, and they decided Mowgli had to leave.

The tiger's name was **SHERE KHAN**. Shere Khan didn't like humans—which meant he didn't like Mowgli.

A big panther named Bagheera loved and cared for Mowgli, just like the wolves. But Bagheera thought the best place for Mowgli was OUT OF THE JUNGLE—even if Mowgli disagreed!

Bagheera wasn't being mean. He wanted what was best for Mowgli.

After the panther left, a snake named Kaa wanted to eat Mowgli!

Mowgli GOT AWAY, but he definitely didn't belong in the jungle with Kaa.

A bear named Baloo tried to teach Mowgli how to fight like a bear.

"Gimme a big bear growl," Baloo told him.

"Grr!" Mowgli growled.

"No, no, no," Baloo said. He wanted Mowgli to growl BIGGER!

Mowgli growled with all his might:

"GRRRRRR!"

But he wasn't the best bear.

Mowgli and Baloo laughed.

Mowgli wasn't the best ELEPHANT, either.

After all, he didn't have a trunk.

And Mowgli was a *terrible* monkey. The monkeys liked being mischievous and THROWING BREADFRUIT.

Mowgli was very lonely until he came across a group of vultures. But then the vultures used their wings to fly away!

Mowgli was alone until he spotted a strange creature. She lived in the Man-village by the river.

Mowgli was finally where he belonged.

All the forest animals gathered around a mama deer and her fawn. The fawn's name was BAMBI, and he was the new prince of the forest.

One day, Bambi noticed some creatures in the trees.

"Those are birds," his friend Thumper explained.

"BIRD!" BAMBI SHOUTED.

The birds all flew away!

Then Thumper showed Bambi the FLOWERS.

"Flower!" Bambi said, this time more quietly.

"That's not a flower. That's a skunk!" Thumper giggled.

One morning, Bambi woke up to find that the world had turned white.

Bambi and Thumper had a lot of fun **ICE-SKATING** at the pond. But Bambi still had much to learn.

In the winter, Man came and took Bambi's mother away.

His father, the Great Prince, would protect him now.

That was how Bambi learned about hope. He hoped that things would **GET BETTER**.

When he was older, Bambi fell in love with a BEAUTIFUL doe named Faline.

Bambi and Faline were very happy together. But then tragedy struck again: Man had set the forest on fire.

Bambi was not done learning, and that day he learned about FEAR.

From across the river, the forest animals watched as the fire destroyed their homes, but Bambi remembered an earlier lesson, and he did not give up hope.

When SPRING came around again, the forest was green. Bambi was now the Great Prince.

As he and his family began their lives together, Bambi thought of the lessons he wished to teach his children—and, most important, HOPE.

Mufasa was the king of a place called the Pride Lands. His son was named Simba, and one day Simba would be KING.

But Scar, Mufasa's brother, wanted the kingdom all for himself. When Mufasa was in trouble, Scar let him fall.

Simba believed his father's death was his fault, so he ran away. In his exile, Simba befriended a warthog named Pumbaa and a meerkat named Timon. They taught him something very important: HAKUNA MATATA. It means "no worries"!

Simba grew up with that motto. One night, he, Timon, and Pumbaa gazed up at the STARS.

Simba wondered if he had done the right thing by leaving the Pride Lands.

NALA was a lion who had been friends with Simba when they were young. One day, she found him.

Nala explained that as king, Scar had let the **HYENAS** take over the Pride Lands.

Simba was ashamed of himself. He told her that he didn't want to be king. Angry that he wouldn't help, Nala left.

Then Simba came across Rafiki, a baboon who lived in the Pride Lands.

Rafiki took Simba to a lake. There, Simba realized something. His father had been with him all along.

"YOU ARE MY SON AND THE ONE TRUE KING," Mufasa reminded Simba. "Remember who you are."

Simba decided to go back to the Pride Lands.

In the **PRIDE LANDS**, Simba and Scar fought. Then Scar revealed a secret: he, not Simba, had killed Mufasa.

Simba knew what he had to do. He defeated Scar once and for all.

With Simba crowned as the **RIGHTFUL KING**, the Pride Lands returned to normal. Never again would Simba forget who he was.

But most importantly, the

CIRCLE OF LIFE

continued.

Once there was a litter of fifteen Dalmatian puppies. They lived in a small flat in London, but one day they went MISSING.

Their parents, PONGO and PERDITA, were desperate. They barked for help: "Fifteen spotted puppies stolen. Have you seen them?"

The message reached a dog named the Colonel and a cat named Sergeant Tibs.

Tibs had heard puppies barking at the **DE VIL MANSION**.

"We'd better investigate," said the Colonel.

Sure enough, the puppies were at the mansion. But it wasn't just the fifteen stolen puppies. There were NINETY-NINE puppies in all!

As soon as the news got back to Pongo and Perdita, they raced toward the mansion. It belonged to a woman named CRUELLA DE VIL.

Cruella wanted to make the puppies into a fur coat!

Pongo and Perdita distracted her henchmen while Tibs helped the puppies SNEAK out.

Then Pongo and Perdita decided to take all the puppies back to LONDON. The Dalmatians rolled in black soot to hide their spots so that Cruella wouldn't recognize them.

When the puppies returned to London, everyone was overjoyed. Their humans, Roger and Anita, decided to buy a place in the country.

"A DALMATIAN PLANTATION," said Roger excitedly.

And that is exactly what they did!

독자의 1초를 아껴주는 정성!

세상이 아무리 바쁘게 돌아가더라도
책까지 아무렇게나 빨리 만들 수는 없습니다.
인스턴트 식품 같은 책보다는
오래 익힌 술이나 장맛이 밴 책을 만들고 싶습니다.
길벗이지톡은 독자여러분이 우리를 믿는다고 할 때 가장 행복합니다.
나를 아껴주는 어학도서, 길벗이지톡의 책을 만나보십시오.

독자의 1초를 아껴주는 정성을 만나보십시오.

미리 책을 읽고 따라해본 2만 베타테스터 여러분과 무따기 체험단, 길벗스쿨 엄마 2% 기획단,
시나공 평가단, 토익 배틀, 대학생 기자단까지!
믿을 수 있는 책을 함께 만들어주신 독자 여러분께 감사드립니다.

(주)도서출판 길벗 www.gilbut.co.kr
길벗 이지톡 www.gilbut.co.kr
길벗 스쿨 www.gilbutschool.co.kr

잠들기 전 30분 엄마 아빠가 들려주는

디즈니 베드타임 스토리

1. 국내 유일 디즈니 라이센스 원서 스토리북

최고의 애니메이션을 영어동화로 만난다!

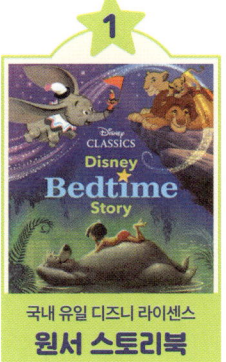

2. 에스텔쌤의 세심한 해설 리딩 가이드북

이제 자신 있게 읽어주세요, 영어 리딩 가이드 완벽 제공!

33만 유튜버 & 4세맘 에스텔쌤의 영어 리딩 꿀팁!

3. 디즈니 추천 성우 녹음 영어 오디오북

영어로 생생하게 느끼는 명작의 감동!

구매인증 후 다운로드
(www.gilbut.co.kr)

디즈니 베드타임 스토리 – 디즈니 클래식

초판 발행 · 2022년 9월 20일

원작 · Disney CLASSICS My First Bedtime Storybook, Published by Disney Press
번역 및 해설 · 에스텔(권소진)
발행인 · 이종원
발행처 · (주)도서출판 길벗
브랜드 · 길벗이지톡
출판사 등록일 · 1990년 12월 24일
주소 · 서울시 마포구 월드컵로 10길 56(서교동)
대표전화 · 02)332-0931 | **팩스** · 02)323-0586
홈페이지 · www.gilbut.co.kr | **이메일** · eztok@gilbut.co.kr

기획 및 책임편집 · 임명진(jinny4u@gilbut.co.kr) | **디자인** · 황애라
제작 · 이준호, 손일순, 이진혁 | **마케팅** · 이수미, 장봉석, 최소영 | **영업관리** · 김명자, 심선숙 | **독자지원** · 윤정아, 최희창

편집진행 · 강윤혜 | **전산편집** · 이현해 | **녹음 및 편집** · 와이알미디어 | **CTP 출력 및 인쇄** · 상지사 | **제본** · 상지사

- 잘못 만든 책은 구입한 서점에서 바꿔 드립니다.
- 이 책은 저작권법에 따라 보호받는 저작물이므로 무단전재와 무단복제를 금합니다.
  이 책의 전부 또는 일부를 이용하려면 반드시 사전에 저작권자와 (주)도서출판 길벗의 서면 동의를 받아야 합니다.
- 책 내용에 대한 문의는 길벗 홈페이지(www.gilbut.co.kr) 고객센터에 올려 주세요.

ISBN 979-11-6521-654-2 74740 (길벗 도서번호 301126)
　　　979-11-6521-653-5 (세트)

Copyright ⓒ 2022 Disney Enterprises, Inc. All rights reserved.
정가 22,000원

독자의 1초까지 아껴주는 정성 길벗출판사

(주)도서출판 길벗 | IT실용서, IT/일반 수험서, IT전문서, 경제경영서, 취미실용서, 건강실용서, 자녀교육서
더퀘스트 | 인문교양서, 비즈니스서
길벗이지톡 | 어학단행본, 어학수험서
길벗스쿨 | 국어학습서, 수학학습서, 유아학습서, 어학학습서, 어린이교양서, 교과서

페이스북 · www.facebook.com/gilbuteztok
네이버 포스트 · http://post.naver.com/gilbuteztok
유튜브 · https://www.youtube.com/gilbuteztok

Disney CLASSICS

디즈니 베드타임 스토리

디즈니 클래식

번역 및 해설 에스텔

리딩 가이드북

Contents

Dumbo . . . 11
덤보

Alice in Wonderland . . . 27
이상한 나라의 앨리스

The Jungle Book . . . 47
정글북

Bambi
밤비 . . . 67

The Lion King
라이온 킹 . . . 87

One Hundred and One Dalmatians
101마리 달마시안 . . . 107

How to Study

스토리 소개
각 스토리가 시작하기 전 먼저 작품 소개나 배경 지식을 간단히 정리했어요. 미리 읽어두면 내용 파악에 도움이 됩니다.

앞면 내용 이해

영한대역으로 이야기에 몰입

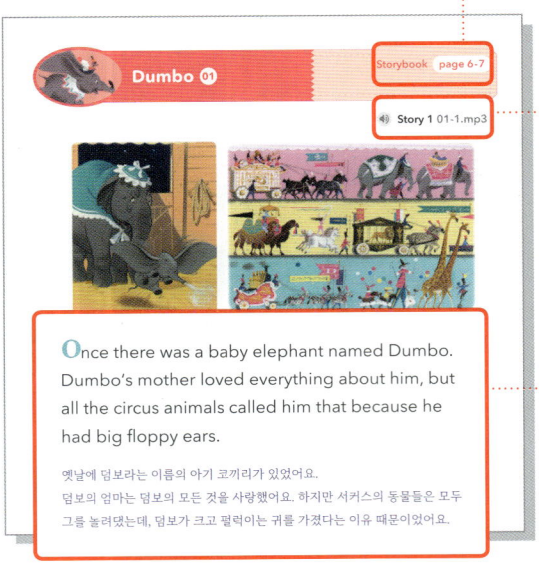

페이지 확인
스토리북 원서를 읽을 때 찾기 쉽도록 페이지를 표시했어요.

스토리 MP3
디즈니 추천 성우의 음성을 들으며 이야기 내용에 집중해 보세요.

영한 대역
동화책을 읽듯 이야기에 몰입할 수 있도록 우리말 어순으로 자연스럽게 번역했습니다.

❶ **리스닝**(가이드북 → 스토리북) 처음부터 원서를 읽기가 부담스러운 분은 영한 대역을 읽고 내용을 미리 파악하면 좋습니다. 리스닝은 우리가 아는 만큼 들리거든요.

❷ **흘려듣기**(스토리북 → 가이드북) 듣기 노출부터 시작하고 싶은 분은 일단 스토리북을 읽고 난 후 나중에 내가 읽은 내용이 맞는지 확인하는 용도로 활용하세요.

이 책은 디즈니 최고의 명작들을 아이가 잠들기 전 들려주기에 좋은 6편의 잠자리 동화로 정리한 책입니다. 총 2권으로, 원작의 감동을 그대로 담은 영어 원서 〈스토리북〉과 독자 스스로 영어 읽기에 도전할 수 있도록 번역, 단어, 해설 등의 정보를 제공하는 〈가이드북〉으로 구성되어 있습니다.

영어 리딩 학습을 위한 가이드

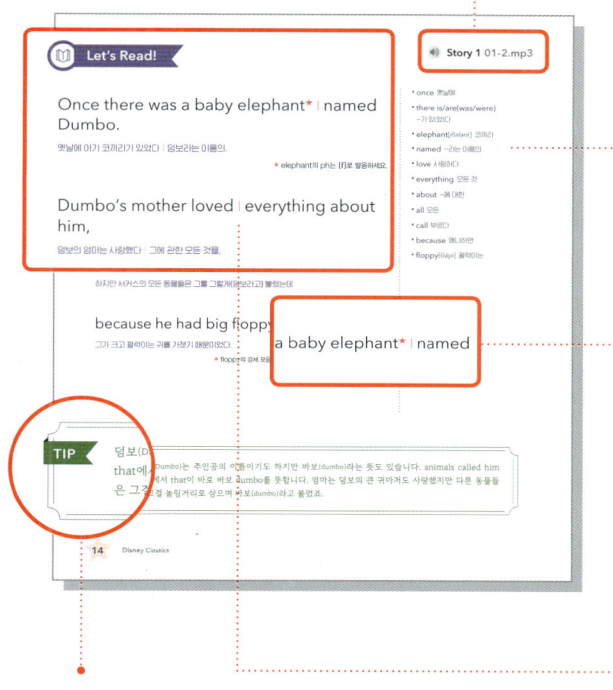

리딩 훈련 MP3
음성을 들으면서 따라 읽을 수 있도록 구문 길이와 동일한 pause를 주었습니다. 귀로 들으면서 입으로 따라 하세요.

표현 정리
해석에 결정적인 영어 표현들을 정리했습니다. 발음이 어려운 단어는 발음기호도 함께 표기했습니다.

[★] 우리말과는 다른 영어발음, 한국인이 실수하기 쉬운 영어발음을 ★로 표시하고 복잡한 용어 없이 쉽게 설명했어요. 설명만 읽지 말고 MP3파일의 원어민 발음을 따라 하면서 체득하세요. 지면의 한계로 TIP에서 전부 다루지 못한 내용도 설명했습니다.

끊어읽기 번역
영어 리딩이 어려운 이유는 한국어와 영어의 어순이 다르기 때문입니다. 뒷면의 우리말 번역은 영어 어순에 맞춰서 의미 단위로 끊어읽는 표시(|)를 했습니다. 끊어읽기 표시는 이야기 흐름에 방해가 되지 않는 선에서 최소한으로 했으며, 문장부호가 있어 구분이 되는 경우에는 적용하지 않았습니다.

TIP
읽으면서 어렵게 느껴질 수 있는 단어, 문장구조, 문법 등을 정리했어요. 덕분에 영어 읽기가 한층 쉽고 재밌어질 거예요. 러닝타임이 긴 애니메이션을 요약한 동화이다 보니 중간 내용을 건너뛰어 내용 이해가 어려울 때가 있어요. 그래서 그런 부분에는 원작의 배경정보도 실었습니다.

To the Readers

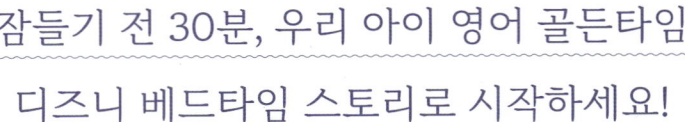

잠들기 전 30분, 우리 아이 영어 골든타임
디즈니 베드타임 스토리로 시작하세요!

Disney, the joy of learning English!

안녕하세요? 이 책의 번역과 가이드북 집필을 담당한 에스텔입니다. 저는 15년간 유아부터 성인까지 전 연령대에게 영어를 가르쳐왔습니다. 그리고 공룡을 좋아하는 네 살 아이의 엄마이기도 합니다. 제 나이대의 부모라면 공감하실 텐데요. 아이가 저의 어린 시절처럼 학습을 위해 학교에서 영어를 처음 접하는 게 아니라, 집에서 모국어처럼 자연스럽게 접하길 바랐어요. 그래서 아이에게 영어 동요를 불러주고, 함께 디즈니 애니메이션을 보고, 영어책을 읽어주었죠. 이렇게 재미있게 영어를 접한 덕분인지 아이의 듣기와 문장발화가 가능해졌고 영어를 아주 좋아하는 아이로 크고 있습니다.

그래서 길벗출판사에서 저에게 이 책의 번역과 해설을 의뢰했을 때 설레는 맘으로 바로 수락했습니다. 인어공주, 신데렐라, 라이온킹 등 제가 어린 시절 보았던 디즈니 애니메이션을 잠자리 영어 동화로 만든 책이라니! 어린 시절에는 영어를 못해서 한글 자막으로 봐야 했지만, 영어를 잘하게 된 성인이 원어를 그대로 들으며 다시 보는 애니메이션은 감동 그 자체였어요. 아이의 영상 노출을 하루 20분 내로 제한하고 있어서 애니메이션의 가장 좋은 장면만 함께 보았고, 그 후 나머지는 책으로 읽어줄 수 있어서 좋았습니다. 애니메이션 장면 그대로의 그림과 함께 동화 형식으로 요약되어 있어 아이도 저도 재미있게 읽을 수 있었죠.

It was hard but worth it!

집필을 하면서 행복하기만 했다고 말하면 좋겠지만, 막상 해보니 쉬운 일이 아니었어요. 원서만 보고 번역할 수도 있겠지만, 저는 정확한 번역과 해설을 위해 원작 애니메이션을 모두 보기로 마음

먹었습니다. 총 22편의 영화를 봐야 했죠. 아이와는 20분씩만 볼 수 있었기 때문에 졸린 눈을 비비며 새벽까지 전체 영화를 보기도 했어요.

번역과 해설을 할 때 세 마리의 토끼를 잡으려고 했어요. 우선, 영어 원문을 최대한 살려 우리말 번역만 보고도 다시 영어 문장을 만들 수 있을 정도로 영어 공부에 도움이 되도록 쓰고 싶었어요. 그러면서도 이야기책 한 권을 제대로 읽는 느낌이 들도록 자연스러운 한국어 단어 선택을 고심했죠. 또 영화를 보지 않았어도 막힘없이 이해되도록 애니메이션 원작의 숨은 내용과 배경까지 담았습니다. 그러다 보니 한 장을 번역하는 데도 수십 번 수정하며 새벽 내내 붙들고 있기도 했습니다.

그 무엇보다 힘든 것은 부족한 시간이었습니다. 저의 본업과 퇴근하면 엄마를 기다리는 아이의 육아까지 병행하다 보니 이 책의 작업은 대부분 새벽 시간을 이용해야 했어요. 안구 통증과 시야가 부얘지는 증상으로 한동안 집필을 중단하기도 했습니다. 하지만 힘든 것 이상으로 가치 있고 소중한 시간이었습니다.

저는 이 책을 영어를 못하던 시절의 저와 제 아이 모두에게 주고 싶은 마음으로 썼습니다. 영어 읽기에 도전하고 싶다면 이 책과 같은 영어 동화로 시작하면 됩니다. 영어가 어려운 분들도 충분히 즐길 수 있게 해설을 해놓았어요. 또 부모님의 입장에서 아이에게 읽어줄 때 아이의 어떤 질문에도 문제없도록 모두 꾹꾹 눌러 담았죠.

Have a good night with Disney bedtime story books!

잠들기 전 30분 가장 편안한 시간, 이 책이 여러분과 자녀분들을 즐거운 영어 읽기의 세계로 안내하는 친절한 가이드가 되었으면 합니다. 아이에게 직접 읽어주는 게 부담스럽다면 디즈니 추천 성우가 읽어주는 오디오 파일을 함께 들어도 좋습니다. 이 책을 통해 세상에서 가장 행복한 영어 시간을 만들 수 있기를 희망합니다.

에스텔 드림

About Translator

번역 에스텔 (권소진)

#순수국내파_스타강사 #어학_인플루언서
#베스트셀러_작가
#15년경력_영어교육전문가

에듀테크 스타트업 에스텔잉글리쉬 대표
에스텔잉글리쉬 온라인 클래스 www.estellenglish.com 대표 강사
유튜브 에스텔잉글리쉬 채널 운영 (구독자 33만, 2700만 View)
한국외국어대학교 학사 졸업

주요 이력

국제학교 교사, 원어민 강사 관리 교수과장
대형 초등어학원 전임강사
미국 대학생들과 보스턴 영어 교육 스타트업 공동 창업
안산서초등학교 학부모 연수: '우리아이 영어 교육 두 마리 토끼 잡기'
덕성여자고등학교 작가와의 만남 강연
중앙대학교 마이 리틀 텔레비전 온라인 특강
중앙대학교, 추계예대 영어학습법 강연
국제영어대학원 대학교 IGSE 4회 영어포럼 연사
재능TV 에스텔 영어 방영

주요 저서

〈쉬운 단어로 1분 영어 말하기〉 넥서스
〈한국인이 성공하는 영어 스피킹은 따로 있다〉 아름다운 사람들

DUMBO

덤보

<Dumbo>는 태어날 때부터 귀가 너무 커서 놀림당하던 아기 코끼리가 오히려 그것의 장점을 살려 극복하고 사랑받게 되는 이야기를 담고 있어요. 누구나 틀린 점은 없고, 그저 다른 점이 있을 뿐이란 걸 배울 수 있는 명작이죠. 1941년에 디즈니 스튜디오에서 애니메이션으로 제작되었고, 2019년에 실사판 영화가 나왔습니다. 이 책과 영상을 통해 다름에 대한 편견을 갖지 않는 마음과 있는 모습 그대로의 자신을 사랑하는 것의 중요성을 느껴 보세요.

Dumbo 01

Storybook page 6-7

Story 1 01-1.mp3

Once there was a baby elephant named Dumbo. Dumbo's mother loved everything about him, but all the circus animals called him that because he had big floppy ears.

옛날에 덤보라는 이름의 아기 코끼리가 있었어요.
덤보의 엄마는 덤보의 모든 것을 사랑했어요. 하지만 서커스의 동물들은 모두 그를 놀려댔는데, 덤보가 크고 펄럭이는 귀를 가졌다는 이유 때문이었어요.

 Let's Read!

🔊 Story 1 01-2.mp3

Once there was a baby elephant★ | named Dumbo.

옛날에 아기 코끼리가 있었다 | 덤보라는 이름의.

★ elephant의 ph는 [f]로 발음하세요.

Dumbo's mother loved | everything about him,

덤보의 엄마는 사랑했다 | 그에 관한 모든 것을,

but all the circus animals called him that

하지만 서커스의 모든 동물들은 그를 그렇게(덤보라고) 불렀는데

because he had big floppy★ ears.

그가 크고 펄럭이는 귀를 가졌기 때문이었다.

★ floppy의 강세 모음 o는 입을 크게 벌려서 '아' 정도로 발음하세요.

- once 옛날에
- there is/are(was/were) ~가 있(었)다
- elephant[éləfənt] 코끼리
- named ~라는 이름의
- love 사랑하다
- everything 모든 것
- about ~에 대한
- all 모든
- call 부르다
- because 왜냐하면
- floppy[flápi] 펄럭이는

TIP 덤보(Dumbo)는 주인공의 이름이기도 하지만 바보(dumbo)라는 뜻도 있습니다. animals called him that에서 that이 바로 바보 dumbo를 뜻합니다. 엄마는 덤보의 큰 귀마저도 사랑했지만 다른 동물들은 그걸 놀림거리로 삼으며 바보(dumbo)라고 불렀죠.

Dumbo 02

Storybook page 8-9

Story 1 02-1.mp3

Dumbo was proud to be part of the circus parade. But when he tripped over his BIG FLOPPY EARS, everyone laughed. Poor Dumbo felt terrible. He felt even worse when some boys made fun of him.

덤보는 서커스 퍼레이드를 함께 할 수 있다는 것에 자부심이 있었어요.
하지만 덤보가 크고 펄럭이는 자기 귀에 걸려 넘어졌을 때 모두가 웃어댔지요.
불쌍한 덤보는 정말 비참했어요.
몇몇 남자아이들이 덤보를 놀려대자 더욱더 비참했죠.

 Let's Read!

🔊 Story 1 02-2.mp3

Dumbo was proud | to be part of the circus* parade.

덤보는 자랑스러웠다 | 서커스 퍼레이드의 구성원이어서.

★ circus는 r발음을 살려서 '서커스'가 아닌 [썰커스]라고 발음하세요.

But when he tripped over his big floppy ears, everyone laughed.★

그러나 그가 자신의 크고 펄럭이는 귀에 걸려 넘어졌을 때, 모두가 웃어댔다.

★ laugh의 gh는 [f]로 발음하세요.

Poor Dumbo felt terrible.

불쌍한 덤보는 비참했다.

He felt even worse | when some boys made fun of him.

그는 더욱더 비참했다 | 몇몇 남자아이들이 그를 놀려댔을 때.

- proud 자랑스러워하는
- part 구성원
- circus[sə́ːrkəs] 서커스
- parade 퍼레이드, 행진
- tripped 발을 헛디디다(trip)의 과거형
- trip over ~에 발이 걸려 넘어지다
- laugh[læf] 웃다
- poor 불쌍한
- felt 느끼다(feel)의 과거형
- terrible 비참한, 끔찍한
- even 더욱, 훨씬
- worse 더 안 좋은
- some 몇몇의
- make fun of ~를 놀리다

TIP 이 장면에서는 be proud to(~하는 것이 자랑스럽다), be part of(~의 구성원이다), trip over(~에 걸려 넘어지다), make fun of(~를 놀리다) 같은 동사구가 많이 나옵니다. 이 부분에 집중해서 읽어보세요!

Dumbo 03

Dumbo's mother picked up one of the boys to stop him from harming her son. But the Ringmaster saw this and, fearing she was violent, took her away.

덤보의 엄마는 그 중 한 아이를 번쩍 들어 올려 덤보를 해치지 못하게 막았어요. 하지만 서커스 단장이 이 광경을 보고는 덤보 엄마의 난폭함을 우려하여 그녀를 다른 곳으로 보내버렸어요.

🔊 Story 1 03-2.mp3

Dumbo's mother picked up one of the boys | to stop him | from harming* her son.

덤보의 엄마는 그 남자아이들 중 한 명을 번쩍 들어올렸다 | 그를 막으려고 | 그녀의 아들을 해치는 것으로부터.

★ harm은 혀를 당기며 r발음을 한 뒤, 바로 입술끼리 붙여 m발음을 하세요. 모음 a는 [a:]로 길게 발음됩니다.

But the Ringmaster saw* this and, fearing she was violent, took her away.

하지만 서커스 단장이 이것을 보았고, 그녀가 난폭한 것을 우려하여, 그녀를 다른 곳으로 데려가버렸다.

★ saw는 턱을 아래로 끌어내리고 입을 크게 벌려서 '쏘'가 아닌 '아'와 '어'의 중간소리로 [싸어]라고 발음하세요.

- pick up ~을 들어올리다
- stop A from -ing
  A가 ~하지 못하게 막다
- harm[ha:rm] 해치다
- ringmaster 서커스 단장 (여기서는 서커스 단장의 진짜 이름에 대한 언급없이, 이 단어 자체를 고유명사처럼 써서 첫 자를 대문자로 표기)
- saw[sɔ:] 보다(see)의 과거형
- fear 우려하다, 염려하다
- violent 난폭한, 폭력적인
- took 데리고 가다(take)의 과거형
- away 다른 데로

TIP 마지막 문장을 잠깐 볼까요? 일단 콤마 사이의 표현을 제외하고 But the Ringmaster saw this and took her away만 볼게요. 서커스 단장(Ringmaster)이 이 광경(this)을 보고서 그녀를 데려갔다고 하고 있죠. '덤보 엄마가 난폭하게 굴어서 사고가 날까봐 두려웠기' 때문입니다. 그래서 fearing she was violent라는 설명을 삽입한 거죠. 이렇게 문장 가운데 어떤 보충 설명이 삽입되는 경우에는 앞뒤로 콤마를 찍어서 구분해 줍니다.

Dumbo 04

Storybook page 11

Story 1 04-1.mp3

With Dumbo's mother gone, Timothy Q. Mouse felt sorry for the little elephant.
"I think your ears are BEAUTIFUL," Timothy told him. That is how Timothy and Dumbo became BEST FRIENDS.

덤보의 엄마가 사라지자 생쥐 티모시 큐는 이 어린 코끼리가 참 안쓰러웠어요.
"난 네 귀가 정말 멋지다고 생각해," 티모시가 덤보에게 말했어요.
이렇게 해서 티모시와 덤보는 단짝 친구가 되었답니다.

 Let's Read!

🔊 Story 1 04-2.mp3

With Dumbo's mother gone,

덤보의 엄마가 사라지면서,

Timothy★ Q. Mouse felt sorry | for the little elephant.

생쥐 티모시 큐는 참 안쓰럽게 생각했다 | 이 어린 코끼리를.

★ Timothy의 발음은 '티모시'보다는 [티머시]에 가깝습니다. 혀를 윗니와 아랫니 사이에 넣었다 뒤로 빼는 th[θ]발음을 정확히 지켜주세요.

"I think | your ears are beautiful," Timothy told him.

"난 생각해 | 네 귀가 정말 멋지다고," 티모시가 그에게 말했다.

That is how | Timothy and Dumbo became best friends.

이렇게 해서 | 티모시와 덤보가 단짝 친구가 되었다.

- with ~하면서 (동시동작)
- gone 가버린, 사라진
- Timothy[tíməθi] 남자이름
- felt 느끼다(feel)의 과거형
- feel sorry for ~를 안쓰럽게 생각하다
- little 어린, 작은
- think 생각하다
- told 말하다(tell)의 과거형
- beautiful 아름다운, 정말 멋진
- became 되다(become)의 과거형

TIP With Dumbo's mother gone은 뒷문장과 동시에 일어난 상황을 표현하고 있습니다. 덤보의 엄마가 사라지면서, 동시에 생쥐 티모시 큐는 덤보에게 안타까움을 느끼며 친구로 다가갔다는 뜻이죠.

Dumbo 05

Storybook page 12-13

Story 1 05-1.mp3

But the other elephants didn't like Dumbo's big floppy ears. Dumbo wasn't allowed to perform with them anymore. It made him SAD. Dumbo didn't think he'd ever fit in. He was too DIFFERENT.

하지만 다른 코끼리들은 덤보의 크고 펄럭이는 귀를 좋아하지 않았어요. 덤보가 그들과 함께 공연하는 것이 더 이상 허용되지 않았죠. 이 상황이 덤보를 슬프게 했어요. 덤보는 애초에 이곳에 안 맞는 존재인 것 같았어요. 덤보는 너무나도 달랐거든요.

 Let's Read! 🔊 Story 1 05-2.mp3

But the other elephants didn't like Dumbo's big floppy ears.
하지만 다른 코끼리들은 덤보의 크고 펄럭이는 귀를 좋아하지 않았다.

Dumbo wasn't allowed | to perform★ with them | anymore.
덤보는 허용되지 않았다 | 그들과 함께 공연하도록 | 더 이상.

★ perform의 r발음을 반드시 지켜서 '퍼폼'이 아닌 [펄포엄]처럼 발음해 주세요.

It made him sad.
이것이 그를 슬프게 만들었다.

Dumbo didn't think★ | he'd ever fit in.
덤보는 생각하지 않았다 | 그가 이곳에 조금도 어울린 적이 있다고.

★ think의 th는 혀를 윗니와 아랫니 사이에 넣었다가 뒤로 빼면서 바람을 빼주세요. 성대를 울리지 않고 발음합니다.

He was too different. 그는 너무나도 달랐다.

- other 다른
- allow 허용하다
- be allowed to ~하도록 허용되다
- perform[pərfɔ́ːrm] 공연하다
- anymore 더 이상
- think[θiŋk] 생각하다
- ever (부정문에서) 전혀, 결코
- fit in 어울리다, 잘 맞다
- too 너무나, 지나치게
- different 다른

TIP 다르다는 이유로 소외되면 '난 애초에 여기랑 안 맞는 것 같아.'라는 자괴감이 드는 건 당연합니다. 덤보의 이런 감정을 표현한 부분이 바로 Dumbo didn't think he'd ever fit in.이죠. 여기서 he'd는 he had의 줄임말로, 덤보는 이미 예전부터 죽 그런 존재였다는 사실을 지금에 와서 생각한 것이기 때문에 he'd ever fit in은 Dumbo didn't think보다 더 이전부터의 사실을 나타내는 <had + p.p.> 시제를 쓴 것입니다. 하나 더! 우리는 보통 '~하지 않은 것 같아'라는 식으로 말하지만 영어에서는 보통 <I don't think (that) 긍정문>의 형태로 말합니다. 따라서 Dumbo thought he'd not ever fit in.이 아니라 Dumbo didn't think he'd ever fit in.이라고 서술했죠.

Dumbo 06

Storybook page 14-15

Story 1 06-1.mp3

One night, Dumbo dreamed he could FLY! Timothy told Dumbo that all he needed was to BELIEVE in himself and he could make the impossible come true. Dumbo trusted Timothy, so he believed in himself extra hard.

어느 날 밤, 덤보는 꿈속에서 날 수 있었어요! 티모시는 덤보에게 오직 자기 자신을 믿어야만 불가능한 일을 이뤄낼 수 있다고 말해줬어요. 덤보는 티모시를 신뢰했고, 그래서 더욱 열심히 자기 자신을 믿었어요.

 **Let's Read!**

🔊 Story 1 06-2.mp3

One night, Dumbo dreamed | he could fly!
어느 날 밤, 덤보는 꿈을 꿨다 | (꿈에서) 그는 날 수 있었다!

Timothy told Dumbo | that all he needed | was to believe in himself
티모시가 덤보에게 말했다 | 그가 필요한 전부는 | 그 자신을 믿는 것이라고

and he could make | the impossible come true.★
그러면 그는 만들 수 있다고 말이다 | 불가능한 것을 이루어지게.

★ 〈make someone/something + 동사〉가 쓰인 문장입니다.
'누가/무엇이 ~하게 만들다'는 의미이죠.

Dumbo trusted Timothy, so he believed in himself | extra hard.
덤보는 티모시를 신뢰했고, 그래서 그는 자기 자신을 믿었다 | 더욱 열심히.

- one night 어느 날 밤
- dream (~라는) 꿈을 꾸다
- fly 날다
- need 필요로 하다
- believe in ~에 대해 믿음을 가지다
- the impossible 불가능한 일
- come true[tru:] 이루어지다
- trust 신뢰하다
- extra[ékstrə] hard 특히 열심히

TIP believe는 '진실인지 아닌지를 믿는다'는 뜻으로 쓰이는 반면, believe in은 '그 존재에 대한 믿음을 갖는다'는 뜻으로 씁니다. '덤보 본인에 대한 믿음을 갖는다'는 뜻으로 believe in himself라는 표현이 여러 번 나왔습니다.

Dumbo 07

Storybook page 16

Story 1 07-1.mp3

And that is how Dumbo became A FLYING ELEPHANT! Thanks to believing in himself, and a little bit of FRIENDSHIP, Dumbo became the most famous elephant in the world. He was also reunited with his mom.

바로 이렇게 해서 덤보는 나는 코끼리가 되었습니다! 스스로를 믿은 덕분에, 또 조금의 우정 덕분에, 덤보는 세상에서 제일 유명한 코끼리가 되었어요. 또한 엄마와도 다시 만났답니다.

 Let's Read!

🔊 Story 1 07-2.mp3

And that is how | Dumbo became a flying elephant!

바로 이렇게 해서 | 덤보는 나는 코끼리가 되었다!

Thanks to believing in himself, and a little bit of friendship,

스스로에 대한 믿음, 그리고 조금의 우정 덕분에

Dumbo became the most famous elephant | in the world.★

덤보는 제일 유명한 코끼리가 되었다 | 세상에서.

★ world는 혀를 뒤로 살짝 당기며 r발음을 한 후, 윗니 뒤쪽 천장에 혀를 붙이며 l을, 떼면서 d를 발음합니다.

He was also reunited★ with his mom.

그는 또한 엄마와도 다시 만나게 되었다.

★ reunite는 re-u-nite의 3음절 단어입니다. nite의 i는 [아이]로 발음되죠.

- flying 나는, 날 수 있는
- thanks to ~ 덕분에
- a little bit 약간
- friendship 우정
- most 제일, 가장
- famous 유명한
- in the world[wəːrld] 세상에서
- reunite[rìːjuːnáit] 재회시키다
- be reunited with ~와 재회하다

TIP 덤보가 뛰어내리는 공연을 하다가 큰 귀를 펄럭이며 서커스장을 날아다닙니다. 덕분에 유명한 코끼리가 되었고, 서커스에서도 특급 대우를 받으며 엄마와 재회하게 되었죠. unite는 '연합하다'란 뜻이고 '다시'라는 뜻의 re-가 붙어 be reunited with 하면 '~와 다시 만나다, 재결합하다'라는 뜻이 됩니다.

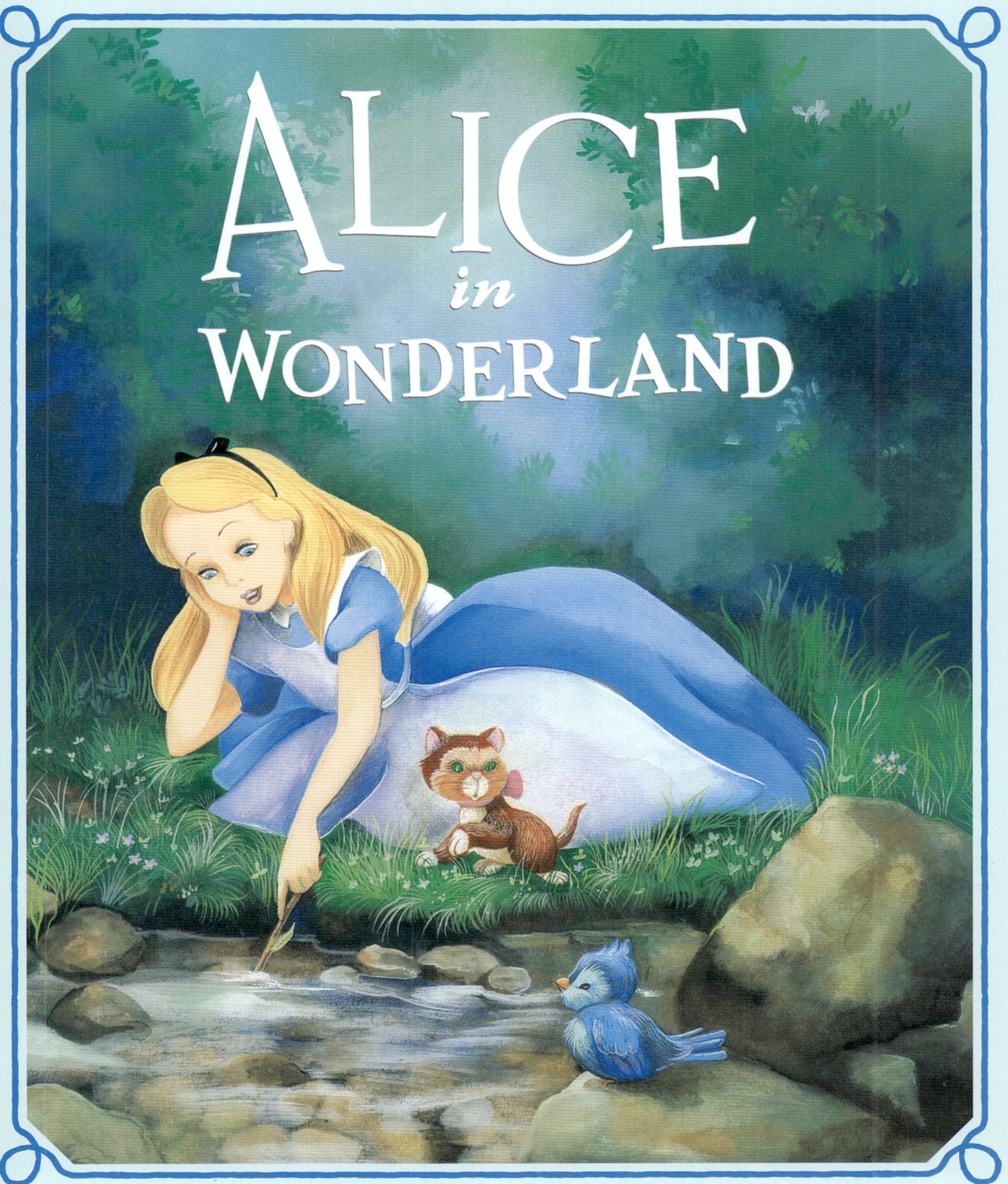

이상한 나라의 앨리스

<Alice in Wonderland>는 영국의 동화 작가 루이스 캐럴(Lewis Carroll)의 대표작으로 앨리스가 시계를 든 하얀 토끼를 뒤쫓다 이상한 나라에서 겪는 모험을 담고 있습니다. 1865년에 출간된 200페이지가 넘는 이 책은 1951년에 디즈니 스튜디오에서 애니메이션으로 제작되었는데요. 앨리스는 쌍둥이 형제, 모자장수, 하트의 여왕 등 상상 초월의 캐릭터들을 만나며 신기한 일들을 경험하게 되죠. 무한한 상상력을 자극하는 <이상한 나라의 앨리스>, 이제 영어 동화로 만나보세요.

Story 2.mp3

Alice in Wonderland 01

Storybook page 18

Story 2 01-1.mp3

One day, a girl named Alice saw a white rabbit with a watch. He also spoke, and he said that he was very late. Then he disappeared down a RABBIT HOLE.

어느 날, 앨리스라는 한 소녀가 시계를 들고 있는 하얀 토끼를 보았어요. 그 토끼는 말도 했는데, 자기가 너무 늦었다고 말했죠. 그러더니 토끼굴 아래로 사라져버렸어요.

Story 2 01-2.mp3

One day, a girl named Alice | saw a white rabbit | with a watch.★

어느 날, 앨리스라는 이름의 소녀가 | 하얀 토끼를 보았다 | 시계를 갖고 있는.

★ watch는 휘파람 불 때처럼 입술을 모았다가 벌리면서 w를 발음하세요. 마지막 ch는 입술을 모아서 [취]라고 바람을 빼줍니다.

He also spoke,★ and he said | that he was very late.

그는 말도 했는데, 그는 말했다 | 자기가 너무 늦었다고.

★ spoke의 s 다음에 나오는 자음의 발음은 된소리에 가까워집니다. 따라서 [스뽀우크] 정도로 발음되죠.

Then he disappeared | down a rabbit hole.

그러더니 그는 사라져버렸다 | 토끼굴 아래로.

- one day 어느 날
- named ~라는 이름의
- saw 보다(see)의 과거형
- watch[watʃ] 시계 (손목시계나 호주머니에 넣어 다닐 수 있는 시계)
- spoke[spouk] 말하다(speak)의 과거형
- said 말하다(say)의 과거형
- late 늦은, 지각한
- then 그러더니, 그 다음에
- disappear 사라지다
- rabbit hole 토끼굴

TIP 이 이야기는 들판에서 언니와 함께 책을 읽는 장면부터 시작됩니다. 앨리스는 언니가 그림 하나 없는 지루한 책을 읽어주자 잠이 들었고, 꿈속에서 시계를 들고 있는 하얀 토끼를 따라 원더랜드로 떠나게 되는 것이죠.

Alice in Wonderland 02

Storybook page 19-20

Story 2 02-1.mp3

Alice was a curious girl, so she followed him to WONDERLAND. There, nothing made much sense. For example, Alice drank a potion that made her very small! Later she became VERY BIG.

앨리스는 호기심 많은 소녀여서 원더랜드로 가는 그 토끼를 따라갔어요. 그곳에서는 모든 게 도무지 말이 되질 않았어요. 예를 들면, 앨리스가 어떤 물약을 마셨더니 몸집이 아주 작아졌어요! 나중에는 아주 커지기도 했죠.

 **Let's Read!**

🔊 Story 2 02-2.mp3

Alice was a curious girl, so she followed him | to Wonderland.

앨리스는 호기심 많은 소녀였고, 그래서 그녀는 그(토끼)를 따라갔다 | 원더랜드로.

There, nothing made much sense.

그곳에서는, 아무것도 말이 되지 않았다.

For example, Alice drank a potion★ | that made her very small!

예를 들면, 앨리스가 어떤 물약을 마셨다 | 그녀를 아주 작게 만든!

★ potion의 o는 [ou]발음으로 '포션'이 아니라 [포우션]이라고 발음하세요.

Later she became very big.

나중에 그녀는 아주 커지기도 했다.

- curious 궁금한, 호기심이 많은
- follow 따라가다
- nothing 아무것도 ~아니다[없다]
- made 만들다(make)의 과거형
- much 아주, 너무
- make sense 상식적으로 말이 되다, 일리가 있다
- for example 예를 들어
- drank 마시다(drink)의 과거형
- potion [póuʃən] 물약
- later 나중에
- became 되다(become)의 과거형

TIP 원어민들이 많이 쓰는 표현인 make sense는 '상식적으로 말이 된다'는 뜻입니다. 여기에 강조하는 much를 넣어 make much sense라고 하면 '상식적으로 매우 말이 된다'는 뜻이죠. 주어를 nothing으로 써서 nothing made much sense라고 하면 '어느 것 하나도 도무지 말이 되는 게 없다'는 의미입니다. 이렇게 말이 안 되는 세상, 그곳이 원더랜드였죠.

Alice in Wonderland 03

Storybook page 21

Story 2 03-1.mp3

TWEEDLEDEE and TWEEDLEDUM, two brothers who liked to recite poems, lived in Wonderland.

원더랜드에는 트위들디와 트위들덤, 시 낭송을 좋아하는 두 형제가 살고 있었어요.

 **Let's Read!**

Story 2 03-2.mp3

Tweedledee and Tweedledum,

트위들디와 트위들덤,

two brothers | who liked to recite poems,★

두 형제가 | 시를 낭송하는 것을 좋아하는,

★ poem은 미국식으로는 [포우엄]으로 발음합니다.

lived in Wonderland.

원더랜드에 살고 있었다.

- recite[risáit] 낭송하다
- poem[póuəm] 시
- live 살다

TIP 앨리스는 원더랜드에서 계속 특이한 일을 경험합니다. 그 중 하나가 하루 종일 시 낭송만 하는 쌍둥이 형제를 만난 거죠. tweedle을 사전에서 찾으면 '(가수가) 풍부한 목소리를 내다'는 뜻이 나오는데, 바로 이 단어를 따서 쌍둥이 형제의 이름을 만든 거죠.

Alice in Wonderland 04

Storybook page 22-23

Story 2 04-1.mp3

There was also a field of BEAUTIFUL FLOWERS. For a moment, Alice thought she heard one talk. As she walked in Wonderland, Alice saw butterflies with bread for wings and a caterpillar who liked recitation.

아름다운 꽃밭도 있었어요. 순간, 앨리스는 꽃이 말하는 것을 들은 것만 같았어요. 앨리스는 원더랜드를 걸어 다니면서, 빵 날개를 가진 나비들을 보았고 암송하기를 좋아하는 애벌레도 봤어요.

 Let's Read!

🔊 Story 2 04-2.mp3

There was also a field of beautiful flowers.
아름다운 꽃밭도 있었다.

For a moment, Alice thought | she heard one talk.
순간적으로, 앨리스는 생각했다 | 그녀는 무언가가(꽃이) 말하는 것을 들었다고.

As she walked★ in Wonderland,
그녀는 원더랜드를 걸어 다니며,

★ walk의 l은 묵음이어서 [워크]처럼 발음합니다. '월크'처럼 발음되는 work와는 다르죠.

Alice saw butterflies | with bread for wings
앨리스는 나비들을 보았다 | 빵 날개를 가진

and a caterpillar★ | who liked recitation.
그리고 애벌레도 (보았다) | 암송을 좋아하는.

★ caterpillar는 cat-er-pil-lar의 4음절 단어입니다. 죽 이어서 자연스럽게 발음하면 [캐러필럴] 정도가 되죠.

- field 밭, 들판
- a field of flowers 꽃밭
- for a moment 순간적으로
- thought 생각하다(think)의 과거형
- one (누군가) 한 사람, (뭔가) 하나
- walk[wɔːk] 걷다
- saw 보다(see)의 과거형
- caterpillar[kǽtərpìlər] 애벌레
- recitation[rèsətéiʃən] 암송, 낭송

TIP 앨리스는 꽃밭에서 꽃이 말 거는 소리가 들려 순간 정신이 이상해진 건 아닌가 싶었습니다. she heard one talk에서 one은 어떤 무리들 속에서 누군지 특정할 수는 없지만 '누구 하나'라는 의미로 쓰인 것이죠. 그래서 이야기의 맥락상 꽃밭에 있던 꽃들 중 하나를 가리킵니다.

Storybook page 24

Story 2 05-1.mp3

But Alice most wanted to see the White Rabbit. She was CURIOUS what he was late for.
"If I were looking for a white rabbit," said a CHESHIRE CAT, "I'd ask the Mad Hatter." Then he disappeared.

하지만 앨리스는 하얀 토끼가 제일 보고 싶었어요. 무슨 일에 늦은 건지 궁금했거든요. "만약 내가 하얀 토끼를 찾는 중이라면," 체셔 고양이가 말했어요, "모자장수에게 물어봤을 텐데." 그러고는 사라졌죠.

 **Let's Read!** 🔊 Story 2 05-2.mp3

But Alice most wanted | to see the White★ Rabbit.

하지만 앨리스는 제일 원했다 | 하얀 토끼를 보기를.

★ white를 '화이트'처럼 잘못 발음하는 경우가 많습니다. wh-로 시작하는 단어는 h 발음하지 않되 '우'하는 w발음은 반드시 지켜서 [(우)와이트]처럼 발음하세요.

She was curious | what he was late for.

그녀는 궁금했다 | 그가 무엇에 늦은 건지.

"If I were looking for a white rabbit," said a Cheshire★ cat,

"만약 내가 하얀 토끼를 찾는 중이라면," 체셔 고양이가 말했다,

★ Cheshire는 ch와 sh 발음 시 입술을 모아 [췌쉬얼]처럼 발음해 주세요.

"I'd ask the Mad Hatter."

"모자장수에게 물어봤을 텐데."

Then he disappeared.

그러고 나서 그는 사라졌다.

- most 가장
- curious 궁금한, 호기심이 많은
- be late for ~에 늦다, 지각하다
- If I were ~, I'd(would) ... 만약 내가 ~라면 ...할 텐데
- look for ~을 찾다
- Cheshire[tʃéʃər] cat 체셔 고양이 (히죽히죽 웃는 고양이)
- mad 미친, 미치광이
- hatter (옛날 말) 모자쟁이 (모자를 만들거나 파는 사람)
- then 그러고는
- disappear 사라지다

TIP 이 이야기책이 출간된 19세기 말에는 수은을 이용한 작업장에서 모자를 만들었다고 합니다. 그런 곳에서 오랫동안 일하는 사람은 당연히 수은 중독으로 이상증세를 보이게 되었고요. 그래서 모자장인 하면 수은에 중독된 미치광이라는 사회적 인식이 있었습니다. 이런 시대 속에 바로 Mad Hatter라는 캐릭터가 탄생하게 되었죠.

Alice in Wonderland 06

Storybook page 25

Story 2 06-1.mp3

Alice found the Mad Hatter. He was already with the White Rabbit! "No wonder YOU'RE ALWAYS LATE. This clock is exactly two days slow," the Mad Hatter told the White Rabbit, and popped open his watch. The watch exploded and the White Rabbit fled.

앨리스는 모자장수를 찾았어요. 그는 이미 하얀 토끼와 같이 있었죠!
"네가 항상 늦을 만도 하지. 이 시계는 정확히 이틀이 늦어," 모자장수가 하얀 토끼에게 이렇게 말하고는 시계를 갑자기 확 열었어요.
시계가 터져버렸고 하얀 토끼는 달아났어요.

Story 2 06-2.mp3

Alice found the Mad Hatter.
앨리스는 모자장수를 찾았다.

He was already with the White Rabbit!
그는 이미 하얀 토끼와 있었다!

"No wonder | you're always late. This clock is exactly* two days slow,"
"그럴 만했네 | 네가 항상 늦는 게. 이 시계는 정확히 이틀이 늦어."

★ exactly는 a[ǽ]에 강세를 주고 t발음은 약화되어 [이그재클리] 또는 [이그잭을리]에 가깝게 발음됩니다.

the Mad Hatter told the White Rabbit,
모자장수가 하얀 토끼에게 말했다,

and popped open his watch.
그리고 그의 시계를 갑자기 확 열었다.

The watch exploded | and the White Rabbit fled. 그 시계가 터져버렸고 | 하얀 토끼는 달아났다.

- no wonder ~은 놀랄 일이 아니다, 당연히 ~할 만하다
- always 항상
- late 늦은
- exactly[igzǽktli] 정확히
- told 말하다(tell)의 과거형
- pop open 갑자기 확 열다
- explode 터지다, 폭발하다
- fled[fled] 달아나다(flee)의 과거형

TIP No wonder 다음에 문장이 나오면, 그 문장의 내용이 '놀랍지도 않다, 당연하다'는 뜻입니다. 시계의 시간이 이틀이나 늦게 돌아갔으니 하얀 토끼가 맨날 늦는 것도 '놀랄 일이 아니다, 그럴 만했다'는 의미로 모자장수는 No wonder를 사용했습니다.

Alice in Wonderland 07

Storybook page 26

Story 2 07-1.mp3

Alice was upset. She had lost the White Rabbit again! But Alice still had more wonders to see— like the QUEEN OF HEARTS.

앨리스는 속상했어요. 하얀 토끼를 또 놓쳤거든요!
하지만 앨리스에게는 계속해서 놀랄 만한 일들이 일어났어요.
바로 하트의 여왕을 만난 일처럼요.

 **Let's Read!**

🔊 Story 2 07-2.mp3

Alice was upset.★

앨리스는 속상했다.

★ upset은 강세가 set에 있기 때문에 up은 약하게 set은 강하게 발음하세요.

- upset[ʌpsét] 속상한
- lost 잃어버리다(lose)의 과거분사형
- still 아직도, 계속해서
- have wonders to see 놀랄 만 한 일들을 보게 되다
- wonder 놀랄 만한 일

She had lost the White Rabbit | again!

그녀가 하얀 토끼를 놓쳐서였다 | 다시!

But Alice still had | more wonders to see

하지만 앨리스에게는 계속해서 있었다 | 보게 될 더 많은 놀라운 일들이.

—like the Queen of Hearts.

바로 하트의 여왕처럼.

TIP 동화나 소설은 보통 과거형으로 서술되는 경우가 많은데, 그렇게 서술하고 있는 시점보다 더 이전에 일어난 일이 그 순간까지 영향을 미치고 있을 때 <had + p.p.>를 씁니다. 따라서 이야기를 읽다가 중간중간 <had + p.p.>를 접하게 되면 '아, 이 일은 더 이전에 일어났구나'라고 이해하면 되죠. 여기서도 앨리스가 속상해한 것(Alice was upset.)보다 하얀 토끼를 또 놓친 것(She had lost the White Rabbit again!)이 더 전에 일어난 사건이며 그 순간 앨리스의 감정에 영향을 끼친 원인이 된 것이죠.

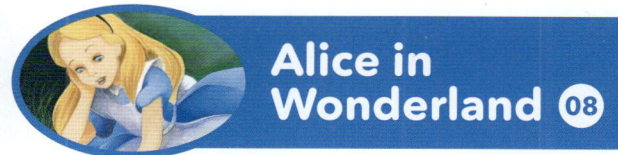 # Alice in Wonderland 08

Storybook page 27

 Story 2 08-1.mp3

The Queen of Hearts had an army of cards at her beck and call. She also had quite the temper. "OFF WITH HER HEAD!" the Queen yelled, speaking of Alice. Alice thought she was doomed!

하트의 여왕은 자신이 마음대로 부릴 수 있는 카드 군대가 있었어요. 성격도 아주 불같았죠.
"저 아이의 목을 쳐라!" 여왕이 앨리스를 말하며 소리쳤어요.
앨리스는 죽을 운명이라고 생각했죠!

 Let's Read!

Story 2 08-2.mp3

The Queen of Hearts had an army of cards | at her beck and call.

하트의 여왕은 카드 군대가 있었다 | 그녀가 마음대로 부릴 수 있는.

She also had quite* the temper.

그녀는 또한 아주 불같은 성질을 갖고 있었다.

★ quite는 비슷하게 생긴 단어 quiet(조용한)와 헷갈리면 안 돼요. '콰이어트'가 아닌 [콰이트]로 발음합니다.

"Off with her head!"* the Queen yelled, speaking of Alice.

"그녀의 목을 쳐라!" 여왕이 소리쳤다, 앨리스에 대해 말하면서.

★ Off with her head!에서 핵심어는 Off와 head입니다. 따라서 이 두 단어를 좀 더 강하게 말합니다.

Alice thought | she was doomed.

앨리스는 생각했다 | 그녀가 죽을 운명이라고.

- army 군대
- at someone's beck and call ~가 명령만 하면 달려가는
- beck 손짓, 고갯짓
- call 부름, 요구
- quite[kwait] 꽤, 아주
- temper (불쑥불쑥 화를 잘 내는) 불같은 성질
- Off with ~! ~를 떼라! ~를 제거하라!
- yell 소리치다
- speaking of ~에 관해 말하며
- doom 죽을 운명을 맞게 하다
- be doomed 죽을 운명을 맞다

TIP off는 마치 붙어 있던 자석 두 개가 똑 떨어지는 뉘앙스로, Off with someone's head는 '머리가 몸으로부터 떨어지게 하라'는 뜻입니다. 여왕은 누군가 조금이라도 자기 마음에 안 드는 행동을 하면 "목을 쳐라!"를 외쳤죠.

Alice in Wonderland 09

Storybook page 28

Story 2 09-1.mp3

Just then, Alice heard a voice. It was her sister!
Alice woke up and realized she was back at home. She decided that no matter how grown-up she became, she would always remember the WONDERS OF WONDERLAND.

바로 그때, 앨리스는 어떤 목소리를 들었어요. 바로 그녀의 언니였죠!
앨리스는 잠에서 깨어났고 집에 돌아왔다는 것을 깨달았죠. 앨리스는 아무리 다 큰 어른이 되더라도 원더랜드의 신기한 일들을 항상 기억하겠다고 결심했답니다.

 **Let's Read!**

Story 2 09-2.mp3

Just* then, Alice heard a voice.
바로 그때, 앨리스가 어떤 목소리를 들었다.

★ just의 j를 발음할 때는 입술을 살짝 모아서 '저스트'보다는 [줘스트]처럼 발음하세요.

It was her sister!
그녀의 언니였다!

Alice woke up* | and realized | she was back | at home.
앨리스는 잠에서 깨어났고 | 깨달았다 | 그녀가 돌아왔다는 것을 | 집에.

★ woke up은 연음시켜 [워컵] 혹은 [워껍] 정도로 발음하세요.

She decided | that no matter how grown-up she became,
그녀는 결심했다 | 아무리 그녀가 다 큰 어른이 되어도,

she would always remember | the wonders of Wonderland.
그녀는 항상 기억하겠다고 | 원더랜드의 신기한 일들을.

- just[dʒʌst] then 바로 그때
- heard 듣다(hear)의 과거형
- voice 목소리
- woke[wouk] 일어나다(wake)의 과거형
- wake up 잠에서 깨다
- realize 깨닫다
- decide 결심하다
- no matter how ~ 아무리 ~하더라도
- grown-up 어른
- became 되다(become)의 과거형
- wonder 신기한 일, 경이로운 일

TIP 언니의 목소리에 잠에서 깬 앨리스는 원더랜드에서 겪었던 이상한 일들이 모두 꿈이었다는 것을 깨닫게 됩니다. 앨리스는 이 특별하고도 신기한 꿈을 어른이 되어서도 잊지 않겠다고 결심하는 것으로 이야기가 끝이 납니다.

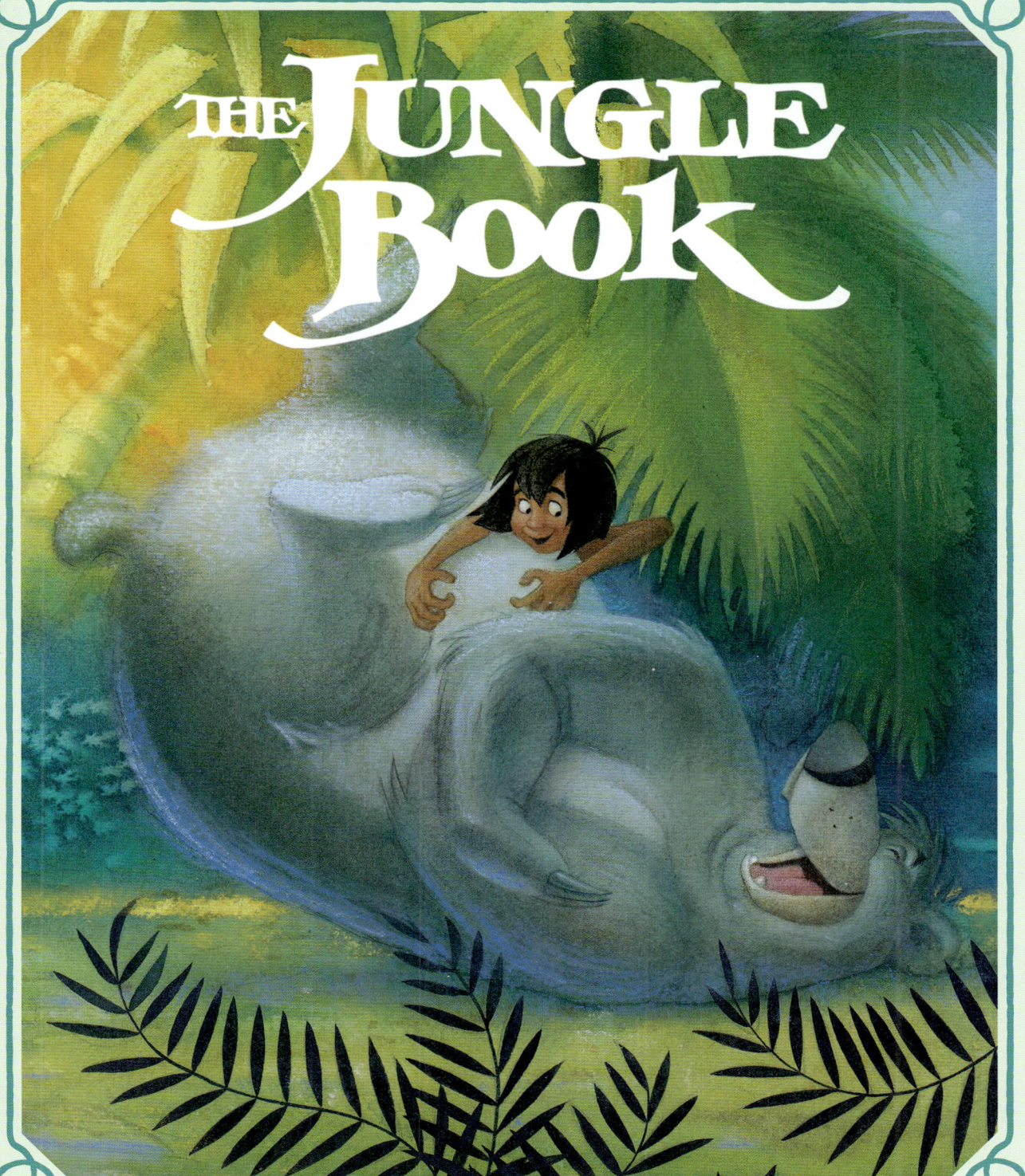

정글북

<The Jungle Book>은 영국에서 가장 사랑받는 시인이자 노벨문학상을 수상한 러디어드 키플링(Rudyard Kipling)이 쓴 소설입니다. 정글에 살던 모글리가 검은 표범 바기라와 함께 인간 마을로 가는 과정에서 인생에서 꼭 필요한 것과 우정의 의미를 배우게 되는데요. 지금부터 우리가 만나게 될 이야기는 1967년에 제작된 디즈니 클래식 애니메이션을 바탕으로 하고 있습니다. 물론 2016년에 나온 실사판 영화도 같은 내용을 담고 있죠. 자아를 발견해가는 모글리의 여정을 영화와 동화로 함께 떠나보세요!

The Jungle Book 01

Storybook page 30

 Story 3 01-1.mp3

Long ago, in India, there was a boy named Mowgli. Mowgli wasn't like other boys: he lived in the jungle. And although Mowgli was **VERY HAPPY**, he never felt like he fit in.

먼 옛날, 인도에 모글리라는 이름의 남자아이가 있었어요. 모글리는 다른 남자아이들과 달랐어요. 정글에 살았거든요. 그리고 모글리는 정말 행복했는데도 자신이 이곳에 어울린다고는 전혀 느끼지 못했어요.

 Let's Read!

🔊 Story 3 01-2.mp3

Long ago, in India, there was a boy | named Mowgli.★

먼 옛날, 인도에, 남자 아이가 있었다 | 모글리라는 이름의.

★ Mowgli의 w발음을 잘 살려 '모글리'보다는 [모우글리]라고 발음하세요.

Mowgli wasn't like other boys: he lived in the jungle.

모글리는 다른 남자아이들과 같지 않았다: 그는 정글에 살았다.

And although Mowgli was very happy,

그리고 모글리는 정말 행복했는데도 불구하고,

he never felt | like he fit in.

그는 전혀 느끼지 못했다 | 그가 이곳에 어울리는 것 같이.

- long ago 먼 옛날
- India 인도
- there is(was) ~가 있(었)다
- named ~라는 이름의
- other 다른
- jungle 정글
- although ~에도 불구하고
- never 전혀 ~않다
- felt 느끼다(feel)의 과거형
- feel like ~처럼[같이] 느끼다
- fit in (지금 있는 곳이나 조직에) 어울리다

TIP 보통 영어 이야기는 Long ago(먼 옛날), Once upon a time(옛날 옛적에), Once(한 때, 옛날에), One day(어느 날)와 같은 단어와 함께 시작됩니다. 정글북도 먼 옛날 아기 때 정글에 버려진 모글리의 이야기로 시작되죠.

The Jungle Book 02

Storybook page 31

Story 3 02-1.mp3

Mowgli was raised by a pack of WOLVES. They liked how brave he was, like he was one of the cubs. But one day, the pack learned that a MEAN TIGER was coming, and they decided Mowgli had to leave.

모글리는 늑대 무리의 손에 자랐어요. 늑대들은 그야말로 용감한 모글리를 자신들의 새끼 마냥 좋아했어요. 하지만 어느 날, 늑대 무리는 심술궂은 호랑이가 이쪽으로 오고 있다는 것을 알게 되었고, 모글리가 떠나야 한다고 결정했죠.

 Let's Read!

🔊 Story 3 02-2.mp3

Mowgli was raised* | by a pack of wolves.
모글리는 키워졌다 | 늑대 무리에 의해.

★ raise는 r발음 시작 전에 입술을 오므려서 '레이즈'보다는 [뤠이즈]로 발음하세요.

They liked | how brave he was, like he was one of the cubs.
그들은 좋아했다 | 그야말로 용감한 그를, 그가 새끼들 중 한 마리인 것처럼.

But one day, the pack learned | that a mean tiger was coming,
하지만 어느 날, 그 무리는 알게 되었다 | 심술궂은 호랑이가 오고 있는 중이라는 것을,

and they decided | Mowgli had to leave.
그리고 그들은 결정했다 | 모글리가 떠나야 한다고.

- be raised by ~에 의해 키워지다
- raise[reiz] (아이나 어린 동물을) 키우다
- a pack of 한 무리의
- pack 무리, 떼
- wolves[wulvz] 늑대(wolf)의 복수형
- how + 형용사/부사 (감탄) 정말(참으로) ~한/하게
- brave 용감한
- cub (육식 포유동물의) 새끼
- one day 어느 날
- learn ~을 알게 되다
- mean 못된, 심술궂은
- decide 결정하다
- leave 떠나다

TIP 여기서는 두 가지만 더 짚어보고 넘어갈게요. 먼저, 우리는 '누구 손에 컸다'는 식으로 말하는데 영어로는 was raised by someone처럼 '누구에 의해 키워졌다'는 식으로 표현합니다. 다음, like는 '좋아하다'는 동사뿐 아니라 '~처럼, ~인 것 마냥'이란 뜻의 접속사로도 쓰입니다. They liked how brave he was, like he was one of the cubs. 이 문장에서 이 두 가지 쓰임을 모두 볼 수 있죠.

The Jungle Book 03

Storybook page 32

Story 3 03-1.mp3

The tiger's name was SHERE KHAN.
Shere Khan didn't like humans—which meant he didn't like Mowgli.

그 호랑이의 이름은 쉬어 칸이었어요. 쉬어 칸은 인간들을 좋아하지 않았죠. 이 말은 모글리도 좋아하지 않는다는 뜻이었죠.

 Let's Read!

🔊 Story 3 03-2.mp3

The tiger's name was Shere Khan.
그 호랑이의 이름은 쉬어 칸이었다.

Shere Khan didn't like humans
쉬어 칸은 인간들을 좋아하지 않았다

—which★ meant | he didn't like Mowgli.
그건 의미했다 | 그가 모글리도 좋아하지 않는다는 것을.

★ which는 '휘치'가 아닌 [(우)위취]처럼 입술을 모았다가 벌리며 wh를 정확히 발음해 주세요.

- tiger 호랑이
- human 인간
- which[hwitʃ] 그리고 그것은
- meant[ment] 의미하다(mean)의 과거형

TIP 쉬어 칸은 정글에서 가장 힘이 센 호랑이로 아무리 어린아이라도 결국 커서 사냥꾼이 될 거라는 생각에 인간을 싫어했죠. which는 바로 앞 문장에 대한 정보를 추가로 제시할 때 씁니다.

The Jungle Book 04

Storybook　page 33

🔊 Story 3 04-1.mp3

A big panther named Bagheera loved and cared for Mowgli, just like the wolves. But Bagheera thought the best place for Mowgli was OUT OF THE JUNGLE—even if Mowgli disagreed!

덩치가 큰 검은 표범 바기라가 모글리를 늑대들처럼 사랑하며 돌봤어요. 하지만 바기라는 모글리를 위한 최고의 장소는 정글 밖이라고 생각했어요. 모글리가 동의하지 않을지라도 말이죠!

 **Let's Read!**

🔊 Story 3 04-2.mp3

A big panther* named Bagheera | loved and cared for Mowgli, just like the wolves.

바기라라는 이름의 큰 검은 표범은 | 모글리를 사랑하며 돌봤다, 마치 그 늑대들처럼.

★ panther의 th는 [θ]로 발음됩니다. 혀를 윗니와 아랫니 사이에 살짝 물고 바람을 빼면서 소리 내세요.

But Bagheera thought | the best place for Mowgli | was out of the jungle

하지만 바기라는 생각했다 | 모글리를 위한 최고의 장소는 | 정글 밖이라고.

—even if Mowgli disagreed!★

모글리가 동의하지 않을지라도 말이다!

★ disagree는 강세가 마지막 ee에 있습니다. ee를 더 길게 강조하듯이 발음하세요.

- panther[pǽnθər] 검은 표범
- care for ~를 보살피다
- just like 마치 ~처럼
- thought 생각하다(think)의 과거형
- best 최고의, 제일 좋은
- place 장소
- out of ~의 바깥에
- even if 비록 ~일지라도
- disagree[dìsəgríː] 동의하지 않다

TIP 사람이나 동물이 'big하다'는 건 '덩치가 크다'는 의미입니다. 영화를 보면 a big panther, 즉 덩치 큰 검은 표범 바기라는 모글리를 인간이 사는 곳으로 데려가야 한다고 계속 주장했어요. 그게 모글리에게 최선이라고 생각했죠. 하지만 인간을 본 적 없는 모글리는 이에 동의하지 않았고 정글에 계속 남고 싶어 했어요.

The Jungle Book 05

Storybook page 34

🔊 Story 3 05-1.mp3

Bagheera wasn't being mean. He wanted what was best for Mowgli. After the panther left, a snake named Kaa wanted to eat Mowgli! Mowgli GOT AWAY, but he definitely didn't belong in the jungle with Kaa.

바기라가 (모글리에게) 인색하게 구는 건 아니였어요. 그는 모글리에게 가장 좋은 것을 원했죠. 검은 표범(바기라)이 떠난 후, 카아라는 이름의 뱀이 모글리를 잡아먹으려 했어요! 모글리는 도망쳤지만, 카아가 있는 정글은 결코 모글리가 있을 만한 곳이 못됐죠.

 Let's Read!

🔊 Story 3 05-2.mp3

Bagheera wasn't being mean.
바기라가 (모글리에게) 인색하게 구는 것은 아니었다.

He wanted | what was best for Mowgli.
그는 원했다 | 모글리를 위해 가장 좋은 것을.

After the panther left,
그 검은 표범(바기라)이 떠난 후,

a snake named Kaa | wanted to eat Mowgli!
카아라는 이름의 뱀이 | 모글리를 잡아먹고 싶어 했다!

Mowgli got away,
모글리는 도망쳤다,

but he definitely★ didn't belong | in the jungle with Kaa.
하지만 그는 결코 있을 만하지 않았다 | 카아가 있는 정글에는.

★ definitely의 t발음은 거의 살리지 않으면서 [데피닡(을)리] 정도로 발음하세요.

- mean 인색한, 못된
- want 원하다
- after ~한 후에
- left 떠나다(leave)의 과거형
- snake 뱀
- get away 도망가다, 탈출하다
- definitely[défənitli] 결코, 절대로
- belong[bilɔ́:ŋ] 속하다, (있어야 할 곳에) 있다

TIP being이 들어간 문장이 어렵죠. '바기라는 인색하지 않았다.(Bagheera wasn't mean.)'와 '바기라가 인색하게 구는 (중인) 것은 아니었다.(Bagheera wasn't being mean.)'의 어감 차이를 느껴보세요. being이 들어가면서 그 상황을 좀 더 생생하게 진행 중인 느낌으로 표현할 수 있습니다.

The Jungle Book 06

Storybook page 35

🔊 Story 3 06-1.mp3

A bear named Baloo tried to teach Mowgli how to fight like a bear. "Gimme a big bear growl," Baloo told him. "Grr!" Mowgli growled. "No, no, no," Baloo said. He wanted Mowgli to growl BIGGER!

곰 발루는 모글리에게 곰처럼 싸우는 법을 가르쳐주려 했어요.
"나에게 큰 곰처럼 으르렁 해봐," 발루가 모글리에게 말했어요.
"으르!" 모글리가 으르렁거렸죠. "아니, 아니, 그렇게 말고," 발루가 말했어요.
그는 모글리가 더 크게 으르렁 대길 원했죠!

 Let's Read!

🔊 Story 3 06-2.mp3

A bear named Baloo | tried to teach Mowgli | how to fight like a bear.

발루라는 이름의 곰은 | 모글리에게 가르쳐주려 했다 | 곰처럼 싸우는 법을.

"Gimme★ a big bear growl,"★ Baloo told him.

"나에게 큰 곰의 으르렁 소리를 내봐," 발루가 그에게 말했다.

★ gimme는 give me의 축약형으로 '김미'보다는 m을 약하게 또 빠른 속도로 발음해 [기미]라고 소리 냅니다.
★ growl의 모음 ow는 [au]로 발음됩니다. '그로울'이 아닌 [그라울]로 발음하세요.

"Grr!" Mowgli growled.

"으르!" 모글리가 으르렁거렸다.

"No, no, no," Baloo said.

"아니, 아니, 그렇게 말고," 발루가 말했다.

He wanted | Mowgli to growl bigger!

그는 원했다 | 모글리가 더 크게 으르렁 대길!

- named ~라는 이름의
- tried 노력하다(try)의 과거형
- try to ~하려고 애쓰다, ~하려고 하다
- teach 가르치다
- fight 싸우다
- like ~처럼
- gimme[gími] give me의 축약형
- growl[graul] 으르렁거리는 소리, 으르렁거리다
- told 말하다(tell)의 과거형
- growled 으르렁거리다(growl)의 과거형
- said 말하다(say)의 과거형
- bigger 더 크게

TIP 영어에는 growl처럼 명사와 동사 둘 다 되는 단어들이 많이 있습니다. Gimme a big bear growl에서는 나에게 큰 곰의 '으르렁 소리'를 내보라는 뜻의 명사였지만, Mowgli growled.에서는 모글리가 '으르렁거렸다'는 뜻의 동사로 쓰였죠.

The Jungle Book 07

Storybook   page 36-37

Story 3 07-1.mp3

Mowgli growled with all his might: "GRRRRRR!" But he wasn't the best bear. Mowgli and Baloo laughed. Mowgli wasn't the best ELEPHANT, either. After all, he didn't have a trunk.

모글리는 있는 힘을 다해 으르렁댔어요. "으르렁!"
하지만 그는 (으르렁을) 최고 잘하는 곰은 아니었죠.
모글리와 발루는 웃었어요. 모글리는 최고의
코끼리도 될 수 없었어요. 어찌됐든, 모글리는
코끼리 코가 없었으니까요.

 **Let's Read!**

🔊 Story 3 07-2.mp3

Mowgli growled | with all his might:★ "Grrrrrr!"
모글리는 으르렁댔다 | 있는 힘을 다해: "으르렁!"

★ might의 gh는 묵음이어서 [마이트]처럼 발음합니다.

But he wasn't the best bear.
하지만 그는 (으르렁을) 가장 잘하는 곰이 아니었다.

Mowgli and Baloo laughed.
모글리와 발루는 웃었다.

Mowgli wasn't the best elephant, either.★
모글리는 최고의 코끼리도 아니었다.

★ either는 e를 살려 [이덜], 또는 i를 살려 [아이덜]처럼 발음합니다.

After all, he didn't have a trunk.
어찌됐든, 그에게는 코끼리 코가 없었으니 말이다.

- growled 으르렁대다(growl)의 과거형
- might 힘, 능력
- with all one's might 있는 힘껏
- Grrrrrr 으르렁 소리를 문자로 표현한 것
- best 최고의, 가장 잘하는
- laughed 웃다(laugh)의 과거형
- either (부정문에서) ~도 또한
- after all 결국, 어쨌든
- trunk 코끼리 코

TIP 아무리 발루가 알려준 대로 있는 힘을 다해 으르렁대도, 모글리는 사람이지 곰이 아니니 으르렁을 최고 잘하는 곰처럼 될 수가 없었습니다. 코끼리 부대를 만났을 때는 코끼리 코가 없으니, 그들처럼도 될 수 없다는 것을 알았죠. 모글리가 인간으로서의 정체성을 찾아가는 과정이었습니다.

The Jungle Book 08

Storybook page 38-39

Story 3 08-1.mp3

And Mowgli was a *terrible* monkey. The monkeys liked being mischievous and THROWING BREADFRUIT. Mowgli was very lonely until he came across a group of vultures. But then the vultures used their wings to fly away!

모글리는 원숭이라기엔 형편없었어요. 원숭이들은 말썽만 피우고 빵나무 열매 던지기나 좋아했죠. 모글리는 독수리 무리와 우연히 마주치기 전까지 아주 외로웠어요. 하지만 또 독수리들은 날개를 이용해 멀리 날아가버렸죠!

 Let's Read!

🔊 Story 3 08-2.mp3

And Mowgli was a *terrible* monkey.

그리고 모글리는 형편없는 원숭이었다.

The monkeys liked | being mischievous★ | and throwing breadfruit.

원숭이들은 좋아했다 | 말썽을 피우고 | 빵나무 열매 던지기를.

　　　　★ 긴 단어는 음절별로 연습하면 좋습니다. mischievous는 3음절로 첫 음절에 강세를 주며 mis-chie-vous[미스-취-붜스]처럼 발음하세요.

Mowgli was very lonely★ | until he came across a group of vultures.

모글리는 아주 외로웠다 | 그가 독수리 무리와 우연히 마주칠 때까지. (독수리 무리를 만나고 나서야 외롭지 않게 되었다는 의미)

　　　　★ lonely의 o는 [ou]발음으로 '론리'가 아니라 [로우리]입니다.

But then the vultures used their wings | to fly away!

하지만 또 독수리들은 날개를 이용해 | 날아가버렸다!

- terrible 형편없는
- mischievous[místʃivəs] 말성꾸러기의
- throw 던지다
- breadfruit 빵나무 열매
- lonely[lóunli] 외로운
- until ~까지
- came 오다(come)의 과거형
- come across 우연히 마주치다
- a group of 한 무리의
- vulture 독수리
- but then 하지만 또
- used 이용하다(use)의 과거형
- wing 날개
- fly away (멀리) 날아가다

TIP 모글리는 정글에서 원숭이와 독수리들도 만났는데, 여전히 그들처럼 될 수 없었습니다. 일단 원숭이들은 지나친 말썽꾸러기였죠. 그나마 독수리들을 만나 외로움이 가시나 했더니 모글리에게는 없는 날개로 훨훨 날아가버렸어요. 독수리를 '우연히 만났다'는 표현으로 쓰인 구동사 come acorss는 '서로를 향한 방향으로 가로질러(across) 오다(come)가 우연히 만났다'처럼 이해해 보세요!

The Jungle Book 09

Storybook page 40

Story 3 09-1.mp3

Mowgli was alone until he spotted a strange creature. She lived in the Man-village by the river. Mowgli was finally where he belonged.

모글리는 낯선 존재를 발견하기 전까지 계속 혼자였어요. 그녀는 강 옆에 있는 인간 마을에 살았죠. 모글리는 드디어 자신이 있어야 할 곳에 살게 되었답니다.

 Let's Read!

🔊 Story 3 09-2.mp3

Mowgli was alone★ | until he spotted a strange creature.

모글리는 혼자였다 | 그가 낯선 존재를 발견하기까지.

★ alone의 o 역시 [ou]로 발음됩니다. '얼론'이 아니라 [얼로운]처럼 길게 발음하세요.

She lived | in the Man-village★ | by the river.

그녀는 살았다 | 인간 마을에 | 강 옆에 있는.

★ village[vílidʒ]의 g[dʒ]발음은 입술을 살짝 모아서 '빌리지'보다는 [빌리쥐]처럼 발음하세요.

Mowgli was finally where he belonged.

모글리는 드디어 그가 있어야 할 곳에 있게 되었다.

- alone 혼자
- until ~까지
- spotted 발견하다(spot)의 과거형
- strange 낯선
- creature 존재, 생명체
- Man-village 인간 마을
- by ~ 옆에
- finally 마침내
- where ~한 곳
- belong 속하다, 있어야 할 곳에 있다

TIP 모글리는 우연히 인간 마을에서 물을 뜨러 나온 소녀를 발견하게 됩니다. 이 소녀를 발견하기 전까지 모글리는 계속 혼자였다는 말을 Mogli was alone until he spotted a strange creature.라고 표현했는데요. A until B라고 하면 'B가 될 때까지는 계속 A한 상태이다'라는 의미입니다. 모글리가 이 소녀를 발견하고 나서야 혼자가 아니게 되었다는 의미가 내포되어 있는데요. 모글리는 무언가에 이끌리듯 정글의 동물 친구들을 두고 이 소녀를 따라가 드디어 자신이 있어야 할 곳을 찾게 되었답니다.

밤비

<Bambi>는 디즈니 애니메이션의 초기 걸작 중 하나로 현재까지도 많은 사랑을 받고 있는 고전입니다. 디즈니는 사람이 아닌 자연을 주인공으로, 관객들이 자연으로 들어가 그들과 같이 사는 것처럼 느끼게 하는 작품을 만들고 싶었다고 합니다. 이 이야기는 밤비의 탄생부터 토끼 친구 덤퍼와 세상을 배우고, 고난과 시련을 겪은 후 다시 봄을 맞으며 부모가 되기까지의 가슴 뭉클한 성장 이야기를 담고 있습니다. 밤비가 인생에서 얻은 교훈이 영어로 어떻게 표현되는지 잘 느끼며 읽어보세요!

Bambi 01

Storybook page 42

Story 4 01-1.mp3

All the forest animals gathered around a mama deer and her fawn. The fawn's name was BAMBI, and he was the new prince of the forest.

숲 속의 모든 동물들이 엄마와 새끼 사슴 주위로 모여들었어요.
새끼 사슴의 이름은 밤비였고, 숲 속의 새로운 왕자님이었죠.

 **Let's Read!**

🔊 Story 4 01-2.mp3

All the forest★ animals gathered | around
a mama deer and her fawn.

숲 속의 모든 동물들이 모여들었다 | 엄마 사슴과 새끼 사슴 주위로.

★ forest는 강세를 앞의 o[ɔ́ː]에 주고 [포어리스트] 또는 [포어러스트]로 발음하세요.
강세가 앞의 o에 있기 때문에 뒤의 e는 [i] 또는 [ə]로 약해집니다.

The fawn's★ name was Bambi,

새끼 사슴의 이름은 뱀비였다,

★ fawn의 aw발음을 할 때 입 크기가 작아지면 안 됩니다. [포언]처럼 발음하세요.

and he was the new prince of the forest.

그리고 그는 이 숲 속의 새로운 왕자님이었다.

- all 모든
- forest[fɔ́ːrist] 숲
- gather 모이다
- around ~ 주위에
- deer 사슴
- fawn[fɔːn] (생후 1년이 안 된) 새끼 사슴
- prince 왕자

TIP 뱀비가 태어나면서 이야기가 시작됩니다. 아직 걷지도 못하는 새끼 사슴이지만 숲 속의 어엿한 왕자님이었죠. 영어에는 dog(개)와 puppy(강아지)처럼 새끼 동물을 부르는 다른 단어가 존재하는 경우가 많은데 deer(사슴)과 fawn(새끼 사슴)도 그 중 하나입니다.

Bambi 02

Storybook page 43

🔊 Story 4 02-1.mp3

One day, Bambi noticed some creatures in the trees. "Those are birds," his friend Thumper explained.

"BIRD!" BAMBI SHOUTED.

The birds all flew away!

어느 날, 밤비가 나무에 있는 어떤 생명체들에 관심을 보였어요.
"저건 새야," 그의 친구인 덤퍼가 설명했죠.
"새!" 밤비가 큰 소리로 외쳤어요.
그러자 새들이 모두 날아가 버렸죠!

One day, Bambi★ noticed | some creatures in the trees.

어느 날, 밤비가 관심을 기울였다 | 나무에 있는 어떤 생명체들에.

★ Bambi의 a는 [애]로 소리 납니다. [bǽmbi 뱀비]처럼 발음하세요.

"Those are birds," his friend Thumper★ explained.

"저것들은 새야," 그의 친구 덤퍼가 설명했다.

★ Thumper[θʌ́mpər]의 th[θ]발음에 유의하세요. 혀를 윗니와 아랫니 사이에 살짝 넣었다 빼면서 바람을 뺍니다.

"Bird!" Bambi shouted.

"새!" 밤비는 큰 소리로 외쳤다.

The birds all flew away!

그 새들이 모두 날아가 버렸다!

- one day 어느 날
- notice 주목하다, 관심을 기울이다
- some 어떤, 몇몇의
- creature 생물, 생명체
- those 그것들
- explain 설명하다
- shout 소리치다
- flew 날다(fly)의 과거형
- away 다른 데로
- fly away 날아가 버리다

TIP 세상의 모든 것이 신기한 밤비는 눈에 보이는 것마다 관심을 보입니다. 밤비의 친구인 새끼 토끼 덤퍼는 밤비에게 하나하나 설명해 줍니다. 아직 모든 게 서툰 밤비가 너무 큰 소리로 따라 말하자 놀란 새들이 도망가 버리죠.

Bambi 03

Storybook page 44

Story 4 03-1.mp3

Then Thumper showed Bambi the FLOWERS.
"Flower!" Bambi said, this time more quietly.
"That's not a flower. That's a skunk!"
Thumper giggled.

그 다음엔 덤퍼가 밤비에게 꽃을 보여줬어요.
"꽃!" 밤비가 말했어요, 이번엔 좀 더 조용하게요.
"저건 꽃이 아니야. 저건 스컹크라고!"
덤퍼가 킥킥거리며 웃었어요.

Story 4 03-2.mp3

Then Thumper showed Bambi the flowers.

그 다음엔 덤퍼가 밤비에게 꽃을 보여줬다.

"Flower!" Bambi said, this time more quietly.★

"꽃!" 밤비가 말했다, 이번엔 좀 더 조용하게.

★ quietly는 '콰이틀리'가 아니라 et[ət]의 발음을 살려 [콰이엍(을)리]라고 발음하세요.

"That's not a flower. That's a skunk!"★

"저건 꽃이 아니야. 저건 스컹크야!"

★ 자음 s 다음에 자음 k가 연달아 나오면 k는 살짝 된소리로 발음되는 경향이 있습니다. 따라서 skunk는 [스껑크]에 가깝게 소리 나죠.

Thumper giggled.

덤퍼가 킥킥거리며 웃었다.

- then 그 다음에는
- show 보여주다
- said 말하다(say)의 과거형
- this time 이번에는
- more 조금 더
- quietly[kwáiətli] 조용히
- that 저것, 그것
- skunk[skʌŋk] (동물) 스컹크
- giggle 킥킥거리며 웃다

TIP 덤퍼는 밤비에게 이것저것 계속 보여줍니다. 꽃에 대해 배운 밤비가 꽃밭에 코를 파묻었다가 스컹크와 만나게 되죠. 스컹크를 보고 꽃이라고 외치는 밤비를 보고 덤퍼는 낄낄대며 재미있어 하네요.

Bambi 04

Storybook page 45

Story 4 04-1.mp3

One morning, Bambi woke up to find that the world had turned white. Bambi and Thumper had a lot of fun ICE-SKATING at the pond. But Bambi still had much to learn.

어느 날 아침, 밤비가 잠에서 깨어보니 세상이 온통 하얗게 변해 있었어요. 밤비와 덤퍼는 연못에서 아이스 스케이트를 타며 아주 재미있게 보냈죠. 그러나 밤비는 여전히 배울 것 투성이었습니다.

 **Let's Read!** 🔊 Story 4 04-2.mp3

One morning,★

어느 날 아침,

★ morning은 r발음을 잊지 말고 [모오닝]처럼 발음하세요.

Bambi woke up | to find | that the world had turned white.

밤비가 일어나 | 발견했다 | 세상이 하얗게 변한 것을.

Bambi and Thumper had a lot of fun | ice-skating at the pond.★

밤비와 덤퍼는 아주 재미있게 보냈다 | 연못에서 아이스 스케이트를 타며.

★ pond의 o를 발음할 때 입을 크게 벌려 '폰드'가 아닌 [판드]에 가깝게 발음하세요.

But Bambi still had much to learn.

그러나 밤비는 여전히 배울 것이 많았다.

- one morning[mɔ́ːrniŋ] 어느 날 아침
- woke 일어나다(wake)의 과거형
- wake up 잠에서 깨다
- find (어떤 사실을) 발견하다, 알게 되다
- world 세상
- turn 바뀌다
- a lot of 많은
- fun 재미
- have a lot of fun 아주 재미있게 보내다
- pond[pand] 연못
- much 많은 것
- have much to learn 배울 게 많다

TIP had가 세 번이나 나옵니다. the world had turned white에서는 밤비가 깨어난 시점보다 눈이 내려 세상이 하얗게 변한 시점이 더 이전이라 <had + p.p.> 시제로 쓰였습니다. had a lot of fun(많은 재미를 가졌다, 즉 아주 재미있게 보냈다), had much to learn(배울 많은 것을 가졌다, 즉 배울 게 많았다)에서는 동사 '가지다'라는 뜻으로 쓰였습니다.

Bambi 05

Storybook page 46

Story 4 05-1.mp3

In the winter, Man came and took Bambi's mother away. His father, the Great Prince, would protect him now. That was how Bambi learned about hope. He hoped that things would GET BETTER.

그해 겨울, 인간이 와서 밤비 엄마를 데려가 버렸어요. 숲 속을 다스리는 큰 사슴인 밤비 아빠가 이제 밤비를 지켜주려 했죠. 그렇게 해서 밤비는 희망에 대해 배웠습니다. 밤비는 상황이 나아질 거라는 희망을 가졌죠.

 **Let's Read!**

🔊 Story 4 05-2.mp3

In the winter, Man came★ | and took Bambi's mother away.
그 겨울에, 인간이 와서 | 밤비의 엄마를 데리고 가버렸다.

★ came을 '캠'이라고 잘못 발음하는 경우가 많습니다. 여기서 a는 [ei]발음으로 came은 [케임]으로 발음하세요.

His father, the Great Prince, would protect him now.
밤비의 아빠, 숲 속을 다스리는 큰 사슴이 이제 그를 지켜주려 했다.

That was how | Bambi learned about hope.★
그렇게 해서 | 밤비는 희망에 대해 배웠다.

★ hope의 o발음 [ou]를 잘 살려 [호웁프]처럼 발음하세요.

He hoped | that things would get better.
그는 희망을 가졌다 | 상황이 나아질 것이라고.

- winter 겨울
- man 인간, 사람
- came[keim] 오다(come)의 과거형
- took 데리고 가다(take)의 과거형
- Great Prince 태공, 태자
- protect 보호하다, 지켜주다
- now 이제
- learn 배우다
- hope[houp] 희망, 희망을 가지다 (명사, 동사 모두 가능)
- things 상황
- get better 나아지다

TIP 디즈니 영화를 보면 한 겨울 밤비와 산책을 하던 엄마 사슴이 인기척을 느껴서 밤비에게 도망가라고 하고, 엄마는 인간의 총에 맞아 죽게 됩니다. 숲 속을 다스리는 큰 사슴인 밤비 아빠가 나타나 앞으로는 엄마를 볼 수 없다고 말하며 보살펴주죠.

 # Bambi 06

Storybook page 47-48

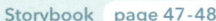 Story 4 06-1.mp3

When he was older, Bambi fell in love with a BEAUTIFUL doe named Faline.
Bambi and Faline were very happy together.

나이가 들면서 밤비는 아름다운 암사슴 펠린과 사랑에 빠졌어요.
밤비와 펠린은 함께 정말 행복했죠.

 Let's Read!

🔊 Story 4 06-2.mp3

When he was older,

그가 더 나이를 먹었을 때,

Bambi fell in love | with a beautiful doe★ | named Faline.

밤비는 사랑에 빠졌다 | 아름다운 암사슴과 | 펠린이라는 이름의.

★ 암사슴을 뜻하는 doe는 [도우]로 발음됩니다.

Bambi and Faline were very happy together.

밤비와 펠린은 함께 정말 행복했다.

- older 더 나이를 먹은
- fell 빠지다(fall)의 과거형
- fall in love with ~와 사랑에 빠지다
- doe[dou] (사슴의) 암컷
- named ~라는 이름의

TIP 엄마를 잃은 슬픔을 겪었지만 밤비는 무럭무럭 자라 어른 사슴이 되었고, 펠린과 사랑에 빠져 행복한 시간을 보냅니다. 우리도 경우에 따라 암사슴, 수사슴과 같이 암수를 구별해 말하는 경우가 있듯 영어도 마찬가지인데요. 암수 구별 없이 일반적으로 사슴을 일컫는 표현이 deer라면, 암사슴은 doe, 수사슴은 buck이라고 합니다.

Bambi 07

Storybook page 48

Story 4 07-1.mp3

But then tragedy struck again: Man had set the forest on fire. Bambi was not done learning, and that day he learned about FEAR.

하지만 그때 비극적인 일이 또 다시 덮쳤어요. 인간이 숲에 불을 질렀거든요. 밤비의 배움은 끝나지 않았고, 그 날은 두려움에 대해 배웠습니다.

 Let's Read!

🔊 Story 4 07-2.mp3

But then tragedy struck* again

하지만 그때 비극적인 일이 또 다시 덮쳤다

★ struck의 str을 한 번에 발음해야 합니다.
st는 바람만 살짝 빼고 바로 ruck으로 넘어가면서 한 음절로 발음하세요.

:* Man had set the forest on fire.

(그 비극적인 일이란 바로) 인간이 숲에 불을 지른 것이었다.

★ 콜론(:) 부호는 앞에서 언급한 내용의 구체적인 예를 보여주는 용도입니다.
여기서는 비극적인 일 '그것은 바로 (~였다)'는 의미인 것이죠.

Bambi was not done | learning,

밤비는 끝내지 않았다 | 배우는 것을,

and that day | he learned about fear.

그리고 그 날 | 그는 두려움에 대해 배웠다.

- tragedy 비극적인 사건
- struck[strʌk] 덮치다(strike)의 과거형
- again 다시
- set on fire 불을 지르다
- done 다 끝낸
- be done -ing ~하는 것을 끝내다, 다 ~했다
- fear 두려움

TIP 밤비와 펠린의 행복은 계속되지 못했습니다. 숲 속에 또 다시 인간에 의한 비극이 덮치게 되죠. set the forest on fire에서 set은 '놓다, 세팅하다', on fire는 '불이 난 상황으로', 즉 '불이 붙어, 불이 나서'란 뜻입니다. 따라서 set the forest on fire는 '숲 속을 불이 난 상황으로 세팅하다', 즉 '숲 속에 불을 놓다, 불을 지르다'는 뜻이죠.

Bambi 08

Storybook page 49

Story 4 08-1.mp3

From across the river, the forest animals watched as the fire destroyed their homes, but Bambi remembered an earlier lesson, and he did not give up hope.

강 건너에서 숲 속 동물들은 자신들의 집이 불에 완전히 타버리는 광경을 지켜봤어요. 그러나 (그 순간에도) 밤비는 일찍이 배운 교훈을 기억하면서 희망을 포기하지 않았어요.

 Let's Read! 🔊 Story 4 08-2.mp3

From across the river,

강 건너에서,

the forest animals watched | as the fire destroyed their homes,

숲 속 동물들은 지켜봤다 | 불이 그들의 집을 파괴하고 있는 동안,

but Bambi remembered an earlier★ lesson,

하지만 밤비는 일찍이 배운 교훈을 기억했다,

★ earlier는 총 3음절로 ear-li-er[어얼-리-얼]처럼 한 음절씩 연습한 후 강세를 ear[어얼]에 주면서 발음하세요.

and he did not give up★ hope.

그리고 그는 희망을 포기하지 않았다.

★ give up은 '기브 업'처럼 따로 말고 [기법]처럼 연음시켜 한 번에 발음하세요.

- across the river 강 건너
- watch 지켜보다
- as ~하는 동안, ~하면서
- destroy 파괴하다
- home 집
- remember 기억하다
- earlier[ə́ːrliər] 일찍이 겪은
- lesson 교훈
- give up[gívʌp] 포기하다

TIP 접속사 as(-하는 동안)로 동시상황을 표현할 수 있습니다. 숲 속 동물들이 그저 지켜보는 상황(the forest animals watched)과 불 때문에 그들의 집, 즉 숲 속이 파괴되는 상황(the fire destroyed their homes)이 동시에 일어났다는 것을 as로 연결해 말하고 있습니다.

Bambi 09

Storybook page 50

Story 4 09-1.mp3

When SPRING came around again, the forest was green. Bambi was now the Great Prince.
As he and his family began their lives together, Bambi thought of the lessons he wished to teach his children— and, most important, HOPE.

봄이 다시 찾아오자 숲은 초록빛이 되었어요. 밤비는 이제 숲 속을 다스리는 큰 사슴이 되었습니다.
밤비와 그의 가족이 삶을 함께 시작하면서, 밤비는 그의 아이들에게 가르치고 싶은 교훈에 대해 생각했어요. 그리고, 가장 중요한 것, 그건 바로 '희망'이었죠.

 **Let's Read!**

Story 4 09-2.mp3

When spring* came around again, the forest was green.
봄이 다시 찾아왔을 때, 숲은 초록빛이 되었다.

★ spring의 spr을 한 번에 발음해야 합니다. sp는 살짝 바람만 빼고 바로 ring으로 넘어가세요. s의 영향으로 p는 된소리에 가까워져 [스쁘링] 정도로 발음됩니다.

Bambi was now the Great Prince.
밤비는 이제 숲 속을 다스리는 큰 사슴이 되었다.

As he and his family began their lives* together,
그와 그의 가족이 삶을 함께 시작하면서,

★ lives가 명사 life(삶)의 복수형으로 쓰인 경우에는 '리브즈'가 아닌 [라이브즈]로 발음합니다.

Bambi thought of the lessons | he wished to teach his children
밤비는 교훈들에 대해 생각했다 | 그가 그의 아이들에게 가르치고 싶은.

—*and, most important, HOPE.
그리고 가장 중요한 것, 그건 바로 '희망'이었다.

★ 여기서 —라는 부호에는 '그건 바로'라는 의미가 담겨 있습니다. 즉 앞에서 언급한 '밤비가 아이들에게 가르치고 싶은 교훈', '그건 바로'라는 의미죠.

- spring[sprɪŋ] 봄
- green 녹색의, 초록빛의
- as ~하는 동안, ~하면서
- began 시작하다(begin)의 과거형
- lives[laivz] 삶(life)의 복수형
- thought 생각하다(think)의 과거형
- of ~의(그와 관련된), ~에 대한
- wish 바라다
- teach 가르치다
- children 아이들
- most 가장
- important 중요한

TIP Bambi thought of the lessons (that) he wished to teach his children은 두 문장이 합쳐진 복문입니다. 뒷문장 he wished to teach his children은 바로 앞 단어인 lessons를 꾸며줍니다. '교훈들'은 '교훈들'인데, 그의 아이들에게 가르쳐주고 싶은 '교훈들'이란 거죠. 그리고 이어서 그 교훈들 중에서도 가장 중요한 것이 바로 '희망(HOPE)'이라는 얘기를 합니다.

라이온 킹

<The Lion King>은 1994년 월트 디즈니 스튜디오 최초의 순수 각본으로 제작되었으며 가장 위대한 애니메이션으로 평가받는 전설적인 작품입니다. 사자의 왕인 심바는 어른 아이 할 것없이 많은 사랑을 받은 주인공이죠. 2019년에는 실사판이 나왔으며 영어 공부를 위해선 최신 오디오 기술로 녹음된 이 영화를 추천합니다.

이 작품의 주제는 the circle of life, 즉 삶의 순환입니다. 애니매이션 내용을 동화로 짧게 압축한 스토리를 통해 심바의 삶이 어떤 축복과 어떤 시련 속에서 순환되는지를 영어로 살짝 느껴보세요! 그런 다음 이 작품이 말하고자 하는 the circle of life란 진정 무엇인지 영화를 보며 깊이 생각해보는 시간을 갖는 것도 좋겠습니다!

The Lion King 01

Storybook page 52-53

Story 5 01-1.mp3

Mufasa was the king of a place called the Pride Lands. His son was named Simba, and one day Simba would be **KING**.
But Scar, Mufasa's brother, wanted the kingdom all for himself. When Mufasa was in trouble, Scar let him fall.

무파사는 프라이드 랜드라고 불리는 땅의 왕이었어요. 그의 아들의 이름은 심바라고 붙여졌고, 장차 심바가 왕이 될 거였죠.
하지만 무파사의 형제, 스카는 그 왕국이 오직 자신을 위한 것이길 바랐어요. 무파사가 곤경에 처했을 때 스카는 그가 (절벽에서) 떨어지게 내버려두었죠.

 Let's Read!

Story 5 01-2.mp3

Mufasa★ was the king | of a place called the Pride Lands.

무파사는 왕이었다 | 프라이드 랜드라고 불리는 땅의.

★ Mufasa의 f발음에 신경 쓰세요. p처럼 두 입술이 붙지 않도록 조심하며 윗니로 아랫입술을 살짝 깨물고 바람을 빼주세요. 강세를 fa에 주면서 발음해야 합니다.

His son was named Simba,

그의 아들의 이름은 심바라고 붙여졌다,

and one day Simba would be king.

그리고 장차 심바가 왕이 될 것이었다.

But Scar, Mufasa's brother, wanted | the kingdom all for himself.

하지만 스카, 즉 무파사의 형제는 원했다 | 오직 그 자신을 위함 왕국을.

When Mufasa was in trouble,★ Scar let him fall. 무파사가 곤경에 처했을 때, 스카는 그가 (절벽에서) 떨어지게 두었다.

★ trouble의 t와 r을 한 번에 발음하기 때문에 [츄러블]같은 소리가 납니다.

- place 곳 (집, 지역, 영토를 아우르는 표현으로 맥락에 따라 해석하면 됨)
- called ~라고 불리는
- son 아들
- be named ~라고 이름 붙여지다 [지어지다]
- one day 언젠가, 장차
- kingdom 왕국
- all for himself 오직 그 자신을 위한
- be in trouble[trʌbl] 곤경에 처하다
- let ~하게 두다
- fall 떨어지다

TIP 아들 심바가 자라면 무파사의 대를 이어 왕이 될 예정이었습니다. 하지만 무파사의 형제 스카는 왜 자기는 왕이 될 수 없는지에 불만을 품었고 일부러 이 둘을 골짜기 절벽으로 유도한 뒤 무파사를 절벽에서 떨어뜨렸어요. 마지막 문장 Scar let him fall에서 <let someone + 동사>는 '누구를 ~하게 (내버려) 두다'라는 의미로 자주 쓰이는 구문입니다.

The Lion King 02

Storybook page 54

Story 5 02-1.mp3

Simba believed his father's death was his fault, so he ran away. In his exile, Simba befriended a warthog named Pumbaa and a meerkat named Timon. They taught him something very important: HAKUNA MATATA. It means "no worries"!

심바는 아빠의 죽음이 자기 잘못이라고 믿었어요. 그래서 멀리 도망가 버렸죠. 도피 생활을 하는 가운데 심바는 멧돼지 품바와 미어캣 티몬과 친구가 됐어요. 그들은 심바에게 정말 중요한 것을 가르쳐 주었죠. 그것은 바로 '하쿠나 마타타.' "근심 걱정 모두 떨쳐버려"라는 뜻이었어요!

 **Let's Read!**

🔊 Story 5 02-2.mp3

Simba believed | his father's death was his fault, so he ran away.
심바는 믿었다 | 그의 아빠의 죽음이 그의 잘못이라고, 그래서 그는 멀리 도망갔다.

In his exile,★ 그의 도피 생활 안에서,
★ exile은 미국식으로는 x가 [gz]로 소리 나서 [엑자일]처럼 발음합니다.

Simba befriended | a warthog★ named Pumbaa | and a meerkat named Timon.
심바는 친구가 되었다 | 품바라는 이름의 멧돼지와 | 그리고 티몬이라는 이름의 미어캣과도.
★ warthog는 wart-hog의 2음절 단어입니다. 따라서 wart의 끝 자음 t는 [t]발음이고, hog의 첫 자음 h는 [h]발음입니다. th발음으로 혼동하지 마세요.

They taught him | something very important
그들은 그에게 가르쳐 주었다 | 정말 중요한 무언가를.

:★ Hakuna matata. 그것은 바로 하쿠나 마타타.
★ 콜론(:) 부호는 앞에서 언급한 내용의 구체적인 예를 보여주는 용도입니다. 여기서는 중요한 무언가, '그것은 바로 (~였다)'는 의미인 것이죠.

It means "no worries"!
이것은 "근심 걱정 모두 떨쳐버려"라는 뜻이었다!

- believe 믿다
- father 아버지
- death 죽음
- fault 잘못
- ran 달리다(run)의 과거형
- run away (멀리) 도망가다
- exile[égzail] 도피 생활 (정치적으로는 '망명'이란 의미로 많이 쓰임)
- befriend ~의 친구가 되다
- warthog[wɔ́ːrthɔ̀ːg] 멧돼지
- named ~라는 이름의
- taught 가르치다(teach)의 과거형
- something 무언가
- important 중요한
- mean 의미하다
- worries 근심거리

TIP 무파사를 의도적으로 죽인 스카는 마치 그게 심바의 잘못인 것처럼 덮어씌웠고, 자책감에 괴로운 심바는 프라이드 랜드로부터 멀리 도망갔습니다. 심바는 품바와 티몬을 만났고, 그들이 알려준 '아무 걱정 없이, 어찌 보면 별생각 없이 사는 방식'에 익숙해졌죠. 여기 나온 Hakuna matata(하쿠나 마타타)는 아프리카 스와힐리어입니다.

The Lion King 03

Storybook page 55

Story 5 03-1.mp3

Simba grew up with that motto. One night, he, Timon, and Pumbaa gazed up at the STARS. Simba wondered if he had done the right thing by leaving the Pride Lands.

심바는 그 좌우명(하쿠나 마타타)을 갖고 성장했어요. 어느 날 밤,
심바는 티몬, 품바와 함께 밤하늘의 별들을 가만히 올려다 보았죠.
심바는 프라이드 랜드를 떠난 게 올바른 일이었는지 의문이 들었어요.

 **Let's Read!**

🔊 Story 5 03-2.mp3

Simba grew★ up | with that motto.
심바는 자랐다 | 그 좌우명(하쿠나 마타타)을 갖고.

★ grew의 발음은 [그루우]입니다. '그류'로 발음하지 않도록 하세요.

One night, he, Timon, and Pumbaa gazed up | at the stars.
어느 날 밤, 그와 티몬, 그리고 품바가 가만히 올려다봤다 | 그(그날 밤의) 별들을.

Simba wondered★ | if he had done the right thing | by leaving the Pride Lands.
심바는 의문이 들었다 | 그가 올바른 일을 했었나 하는 | 프라이드 랜드를 떠남으로써.

★ wonder의 발음은 [wʌ́ndər]입니다. wander[wɑ́ndər](거닐다, 배회하다)로 발음하지 않도록 주의하세요.

- grew[gru:] 자라다(grow)의 과거형
- grow up 성장하다, 어른이 되다
- motto 좌우명
- one night 어느 날 밤
- gaze 응시하다, 가만히 보다
- gaze up at the stars 밤하늘의 별을 올려다보다
- wonder[wʌ́ndər] 궁금해하다
- if ~인지 아닌지
- right thing 올바른 일
- by ~로 (방법, 수단)
- leave 떠나다

TIP 어느 날 밤, 성인이 된 심바와 티몬, 품바가 밤하늘의 별을 바라보았는데, 심바에게 어린 시절 아빠 무파사와 함께 별을 바라보던 기억이 났습니다. 아빠를 떠올리며 이렇게 프라이드 랜드를 버리고 아무 걱정없이 사는 게 맞나 싶은 생각이 들었죠. Simba wondered if ~에서 wondered if ~는 '~인지 아닌지 궁금했다, 의구심이 들었다'는 의미로 많이 쓰이는 구문입니다.

The Lion King 04

Storybook page 56-57

Story 5 04-1.mp3

NALA was a lion who had been friends with Simba when they were young.
One day, she found him. Nala explained that as king, Scar had let the **HYENAS** take over the Pride Lands.

날라는 어린 시절 심바와 친구로 지냈던 사자였어요.
어느 날, 날라가 심바를 찾아냈어요. 날라는 왕인 스카가 하이에나들이 프라이드 랜드를 장악하도록 놔두고 있다고 설명했어요.

 **Let's Read!**

Story 5 04-2.mp3

Nala was a lion | who had been friends with Simba | when they were young.

날라는 사자였다 | 심바와 친구로 지냈던 | 그들이 어렸을 때. ('어린 시절'이란 말)

One day, she found him.

어느 날, 그녀가 그를 찾아냈다.

Nala explained | that as king, Scar had let the hyenas★ | take over the Pride Lands.

날라는 설명했다 | 왕으로서, 스카가 하이에나들을 놔두고 있다고 | 프라이드 랜드를 장악하게.

★ hyena는 hy[하이]-e[이]-na[너(나)]의 3음절로 [하이이-너(나)]라고 발음됩니다. 강세는 두 번째 음절인 e에 있습니다.

- be friends with ~와 친구로 지내다
- when ~할 때
- young 어린
- found 찾다(find)의 과거형
- explain 설명하다
- hyena[haiíːnə] 하이에나
- take over ~를 장악하다

TIP Scar had let the hyenas take over the Pride Lands 같은 문장에서는 <let someone + 동사>의 구조가 눈에 들어와야 합니다. 즉, let the hyenas take over(하이에나들이 장악하도록 됐다) 부분이 바로 이 구조이죠. '넘겨(over) 받다(take)', 즉 '장악하다'라는 뜻의 take over 뉘앙스도 느껴보세요.

The Lion King 05

Storybook page 57

🔊 Story 5 05-1.mp3

Simba was ashamed of himself.
He told her that he didn't want to be king.
Angry that he wouldn't help, Nala left.

심바는 스스로가 부끄러웠어요.
날라에게 왕이 되고 싶지 않다고 말했죠.
심바가 도와주려 하지 않는 것에 화가 나서 날라는 떠나버렸어요.

 **Let's Read!**

🔊 Story 5 05-2.mp3

Simba was ashamed of* himself.

심바는 스스로를 부끄러워했다.

* ashamed는 두 번째 a에 강세를 넣어 [어쉐임드] 정도로 발음합니다. 이것이 전치사 of와 이어지면 [어쉐임덥] 정도로 연음이 되죠.

- be ashamed[əʃéimd] of
  ~을 부끄러워하다
- himself 그 자신
- told 말하다(tell)의 과거형
- left 떠나다(leave)의 과거형

He told her | that he didn't want | to be king.

그는 그녀에게 말했다 | 그가 원치 않는다고 | 왕이 되는 것을.

Angry | that he wouldn't help, Nala left.

화가 나서 | 그가 도와주려 하지 않는 것에, 날라는 떠났다.

TIP Angry that he wouldn't help, Nala left.처럼 angry 뒤에 that절을 써서 화가 난 이유를 표현할 수 있는데요. 이 문장은 원래 She was angry that he wouldn't help, Nala left.에서 쉼표 뒤의 문장과 동일한 주어인 She와 was를 생략한 것입니다. 이렇게 다짜고짜 Angry가 먼저 보이니까 얼마나 화가 났는지 그 느낌이 확 와 닿는 효과도 있죠.

The Lion King 06

Storybook page 58-59

Story 5 06-1.mp3

Then Simba came across Rafiki, a baboon who lived in the Pride Lands.
Rafiki took Simba to a lake. There, Simba realized something. His father had been with him all along.

그때 심바는 프라이드 랜드에 살던 개코원숭이, 라피키와 우연히 마주쳤어요. 라피키는 심바를 호수로 데려갔죠. 거기서 심바는 무언가 깨달았어요. 아빠가 내내 자신과 함께 있었다는 것을요.

 Let's Read!

🔊 Story 5 06-2.mp3

Then Simba came across | Rafiki, a baboon★ | who lived in the Pride Lands.

그때 심바는 우연히 마주쳤다 | 라피키, 개코원숭이와 | 프라이드 랜드에 살던.

★ baboon은 ba-boon의 2음절 단어로, boon에 강세를 넣어 [배부운]이라고 발음하세요.

Rafiki took Simba | to a lake.

라피키는 심바를 데려갔다 | 한 호수로.

There, Simba realized something.

거기서, 심바는 무언가를 깨달았다.

His father had been with him | all along.

그의 아빠는 그와 함께 있었다 | 줄곧.

- then 그때, 그 다음에
- came 오다(come)의 과거형
- come across 우연히 마주치다
- baboon[bæbúːn] 개코원숭이
- took 데리고 가다(take)의 과거형
- take A to B A를 B로 데리고 가다
- there 거기에서
- realize 깨닫다
- all along 내내, 줄곧

TIP 프라이드 랜드의 주술사였던 개코원숭이 라피키는 심바를 호숫가로 데리고 갑니다. 심바는 호수에 비친 본인에게서 아빠 무파사의 모습을 보게 되고 내면의 목소리도 듣습니다. 아버지가 늘 함께 있었다는 것을 깨닫게 되죠.

The Lion King 07

Storybook page 59

Story 5 07-1.mp3

"YOU ARE MY SON AND THE ONE TRUE KING," Mufasa reminded Simba. "Remember who you are." Simba decided to go back to the Pride Lands.

"너는 나의 아들이자 유일한 진정한 왕이다."라고 무파사는 심바에게 일깨워줬어요. "네가 누구인지 기억하거라."
심바는 프라이드 랜드로 돌아가기로 결심했어요.

Story 5 07-2.mp3

"You are my son and the one true king,"

"너는 나의 아들이자 유일한 진정한 왕이다."

Mufasa reminded★ Simba.

무파사는 심바에게 상기시켜 주었다.

★ reminded는 [뤼마인디드]로 발음되는데 [마]에 강세를 두고 [디드]는 약하게 발음하세요.

"Remember | who you are."★

"기억하거라 | 네가 누구인지."

★ 여기서 who you are는 '너라는 존재가 정말로 누구인지'라는 의미입니다. 문장에서 be동사는 보통 약하게 발음하지만, who you are에서 are는 내용상 중요한 말이기 때문에 강하게 발음하죠.

Simba decided★ | to go back | to the Pride Lands.

심바는 결심했다 | 돌아가기로 | 프라이드 랜드로.

★ decided는 [디싸이디드] 또는 [디싸이리드] 정도로 발음되는데, [싸]에 강세를 두고 [디드]는 약하게 발음하세요.

- true 진정한
- remind 상기시키다, 일깨워주다
- remember 기억하다
- decide 결심하다
- go back to ~로 돌아가다

TIP 여기서는 중요한 동사 두 가지를 간단히 살펴보도록 하죠. 먼저 remind입니다. 이미 알고 있을 만한 내용이거나 공지한 내용인데 잊고 있을까 봐 혹은 잊고 있는 것 같아서 '다시 알려주어 기억나게 해준다'는 개념의 동사가 바로 remind이죠.
다음은 decide(결심하다)입니다. 뒤에 <to + 동사>를 써서 '~하기로 결심하다'라는 식으로 잘 쓰입니다.

The Lion King 08

Storybook page 60

Story 5 08-1.mp3

In the PRIDE LANDS, Simba and Scar fought. Then Scar revealed a secret: he, not Simba, had killed Mufasa. Simba knew what he had to do. He defeated Scar once and for all.

프라이드 랜드에서 심바와 스카가 싸웠어요. 그때 스카가 비밀을 밝혔죠. 심바가 아니라, 그가 무파사를 죽였다고요. 심바는 무엇을 해야 할지 알았어요. 그는 스카를 완전히 물리쳤어요.

🔊 Story 5 08-2.mp3

In the Pride Lands, Simba and Scar fought.★

프라이드 랜드에서, 심바와 스카가 싸웠다.

★ fought의 ou는 [ɔ:]발음으로 입을 크게 벌려 [퍼어트] 정도로 발음해 주세요.

Then Scar revealed a secret

그때 스카가 비밀을 밝혔다

: he, not Simba, had killed Mufasa.

그 비밀은 심바가 아니라, 그가 무파사를 죽였다는 것이다.

Simba knew★ **| what he had to do.**

심바는 알았다 | 무엇을 해야 할지.

★ knew의 마지막 ew발음은 [ju:]로, 입술을 오므리면서 [뉴우]와 [누우]의 중간 정도로 발음하세요.

He defeated Scar | once and for all.

그는 스카를 물리쳤다 | 완전히.

- fought[fɔ:t] 싸우다(fight)의 과거형
- reveal 드러내다, 밝히다
- secret 비밀
- knew[nju:] 알다(know)의 과거형
- had to ~해야 하다(have to)의 과거형
- defeat 물리치다
- once and for all 완전히, 확실하게

TIP 원작 영화에서 스카는 무파사에게 했던 것과 똑같이 심바를 절벽에서 떨어뜨리려 합니다. 떨어지기 직전의 심바를 바라보며 스카는 어디서 본 듯한 장면이라고 히죽대며 본인이 무파사를 죽였다고 밝히죠. 과거의 비밀을 알게 된 심바는 용맹하게 스카에게 맞섭니다. 그리고는 완전히 물리쳐 버리죠.

The Lion King 09

Storybook page 61-62

Story 5 09-1.mp3

With Simba crowned as the RIGHTFUL KING, the Pride Lands returned to normal. Never again would Simba forget who he was.
But most importantly, the CIRCLE OF LIFE continued.

적법한 왕으로 심바가 왕위에 오르면서 프라이드 랜드는 일상으로 돌아갔어요.
두 번 다시 심바는 자신이 누구인지 잊지 않을 거예요.
하지만 무엇보다도 중요한 것은 '삶의 순환'은 계속된다는 것이죠.

🔊 Story 5 09-2.mp3

With Simba crowned | as the rightful king,

심바가 왕위에 오르면서 | 적법한 왕으로서,

the Pride Lands returned | to normal.★

프라이드 랜드는 돌아갔다 | 일상으로.

★ normal의 r발음을 잘 살려 '노멀'이 아닌 [노얼멀]처럼 발음하세요. 강세가 앞쪽의 o[ɔ́ː]에 있습니다.

Never again would Simba forget | who he was.

두 번 다시 심바는 잊지 않을 것이다 | 그가 누구인지.

But most importantly, the Circle of Life continued.

하지만 무엇보다 중요한 것은, '삶의 순환'은 계속된다는 것이다.

- crowned 왕위에 오른
- as ~로서
- rightful 적법한
- return[ritə́ːrn] 돌아가다
- to normal[nɔ́ːrməl] 정상으로
- never again 두 번 다시 ~않는
- forget 잊다
- most importantly 가장 중요한 것은
- circle of life 삶의 순환
- continue 계속되다

TIP Never again would Simba forget who he was. 이 문장 한 번에 딱 이해가 되나요? 원래 이 문장은 Simba would never again forget who he was.지만 never again(두 번 다시 ~않는)이라는 표현을 강조하기 위해 문장 맨 앞으로 보내면서 Simba와 would의 어순이 도치된 것입니다.

101마리 달마시안

<101 Dalmatians>는 달마시안 부부 퐁고와 펄디타의 강아지 15마리가 납치되면서 이들의 행방을 찾아 구출하는 여정을 담고 있습니다. 귀여운 강아지들이 많이 나오지만 그들을 노리는 악녀 크루엘라의 광기에 찬 모습이 아이들이 보기에는 좀 무서울 수 있죠. 하지만 이 책을 통해 사랑스러운 강아지들의 극적인 모험에 누구나 동참할 수가 있습니다. 새끼 강아지들을 향한 부모의 극진한 마음과 악녀로부터 탈출해가는 숨가쁜 전개를 영어로 즐겨보세요!

Story 6.mp3

101 Dalmatians 01

Storybook page 64

Story 6 01-1.mp3

Once there was a litter of fifteen Dalmatian puppies. They lived in a small flat in London, but one day they went MISSING.

옛날에 한배에서 태어난 달마시안 강아지가 열다섯 마리 있었어요. 그들은 런던의 작은 아파트에 살았는데, 어느 날 모두 행방불명이 되었어요.

 **Let's Read!** 🔊 Story 6 01-2.mp3

Once there was | a litter★ of fifteen★ Dalmatian puppies.
옛날에 있었다 | 한배에서 태어난 15마리 달마시안 강아지들이.

★ litter의 경우 미국식 발음에서는 t를 살리지 않고 부드럽게 [리럴]처럼 발음합니다.
★ '열다섯'을 뜻하는 fifteen은 fifty(오십)의 발음과 구분하기 위해 teen을 강조해서 발음하세요.

They lived in a small flat | in London,
그들은 작은 아파트에서 살았다 | 런던에 있는,

but one day | they went missing.
하지만 어느 날 | 그들은 행방불명이 되었다.

- once 옛날에
- there is(was) ~ ~가 있(었)다
- a litter[lítər] of puppies 한배에서 태어난 강아지들
- fifteen[fiftí:n] 열다섯(의)
- Dalmatian[dælméiʃən] 달마시안 (달마시아산의 개)
- lived 살다(live)의 과거형
- flat (영국) 아파트식 주거지
- one day 어느 날, 언젠가
- went 되다(go)의 과거형
- go missing 행방불명이 되다

TIP 이 이야기는 영국 런던을 배경으로 시작됩니다. 미국에서는 아파트를 apartment라고 부르지만 영국에서는 flat이라고 합니다. apart에는 '따로 따로 떨어져'라는 뜻이 있고, flat에는 '평평한'이란 뜻이 있어서 분리된 세대, 또는 평평하게 여러 층이 쌓여 있는 아파트나 연립주택을 잘 표현하고 있죠.

101 Dalmatians 02

Storybook　page 65

Story 6 02-1.mp3

Their parents, PONGO and PERDITA, were desperate. They barked for help: "Fifteen spotted puppies stolen. Have you seen them?"

그들의 부모인 퐁고와 펄디타는 필사적이었어요. 도와달라고 짖어댔죠. "얼룩점이 있는 강아지 열다섯 마리가 납치됐어요. 얘네들을 본 적 있나요?"

Their parents, Pongo and Perdita, were desperate.★

그들의 부모, 퐁고와 펄디타는, 필사적이었다.

★ desperate의 끝부분 ate는 약하게 발음하세요. '데스퍼레이트'가 아니라 [데스퍼릿]로 발음합니다.

They barked for help

그들은 도와달라고 짖어댔다

: "Fifteen spotted★ puppies ǀ stolen.

"열다섯 마리 얼룩점이 있는 강아지들 ǀ 납치된.

★ spotted의 tt는 미국식으로는 부드럽게 [스파리드]처럼 발음하고, 영국식으로는 [t]발음을 그대로 살려 [스팥티드]처럼 발음합니다.

Have you seen them?"

그들을 본 적 있나요?"

- parents 부모
- desperate[déspərət] 필사적인, 절박한
- bark 짖다
- help 도움
- spotted[spátid] 점무늬가 있는
- stolen 도둑 맞은
- Have you seen ~? ~를 본 적 있나요?

TIP Fifteen spotted puppies stolen. 이 문장은 원래 Fifteen spotted puppies (that were) stolen.입니다. 보통 꾸며주는 말이 그 단어 바로 앞에 나오지만, 이 경우는 stolen이 뒤에서 꾸며줍니다. 강아지는 강아지인데 '납치된' 강아지라고 설명을 덧붙여서 말했어요.

101 Dalmatians 03

Storybook page 66-67

Story 6 03-1.mp3

The message reached a dog named the Colonel and a cat named Sergeant Tibs. Tibs had heard puppies barking at the DE VIL MANSION. "We'd better investigate," said the Colonel.

그 메시지가 개 대령과 고양이 팁스 병장에게도 닿았어요. 팁스는 데빌 저택에서 강아지들이 짖는 걸 들은 적이 있었죠. "조사해봐야겠네," 대령이 말했어요.

 **Let's Read!**

🔊 Story 6 03-2.mp3

The message reached | a dog named the Colonel★ | and a cat named Sergeant Tibs.

그 메시지가 닿았다 | 대령이라 불리는 개에게 | 그리고 팁스 병장이라고 불리는 고양이에게도.

★ 원어민도 어려워하는 발음으로 손꼽히는 colonel은 스펠링과는 다르게 [커얼늘]처럼 발음됩니다.

Tibs had heard | puppies barking | at the de vil mansion.

팁스는 들은 적이 있었다 | 강아지들이 짖는 것을 | 데빌 저택에서.

"We'd better investigate,"★ said the Colonel.

"조사해봐야겠네," 대령이 말했다.

★ investigate는 in-ves-ti-gate의 4음절 단어입니다. 강세가 두 번째 음절에 있어서 ves를 강조하면서 발음하세요.

- message 메시지
- reach 닿다
- named ~라는 이름의
- colonel[kə́:rnl] 대령
- sergeant[sá:rdʒənt] 병장
- heard 듣다(hear)의 과거분사형
- mansion 대저택
- We'd better ~ (우리는) ~해야 해 (뒤에 동사가 옴)
- investigate[invéstəgèit] 조사하다

TIP 원작 영화를 보면 퐁고와 펄디타가 다른 동물들에게 도움을 요청하기 위해 큰 소리로 짖으며 납치 소식을 전달합니다. 그걸 들은 동물들이 주변 다른 동물들에게 계속 전달하죠. 메시지는 멀리 대령과 병장에게까지 닿았습니다. 이 둘은 사라진 강아지 15마리를 찾는 것에 사명감을 느꼈고 데빌 저택에서 들리는 강아지 소리에 직접 가보기로 했죠.

101 Dalmatians 04

Storybook page 68

Story 6 04-1.mp3

Sure enough, the puppies were at the mansion.
But it wasn't just the fifteen stolen puppies.
There were NINETY-NINE puppies in all!

아니나 다를까, 강아지들은 그 저택에 있었어요.
그런데 납치된 강아지가 15마리만 있는 게 아니었어요.
모두 합쳐 99마리나 있었죠!

 Let's Read!

🔊 Story 6 04-2.mp3

Sure enough, the puppies were | at the mansion.
아니나 다를까, 그 강아지들이 있었다 | 그 저택에.

But it wasn't just the fifteen stolen puppies.
그런데 단지 15마리의 납치된 강아지들만 있는 게 아니었다.

There were ninety-nine★ puppies | in all!★
99마리의 강아지들이 있었다 | 모두 합쳐!

★ ninety-nine의 경우 강세가 앞뒤 nine 둘 다에 있습니다. 중간 ty는 강세가 없기 때문에 이 부분은 약하게, 앞뒤 nine은 강조해 발음하세요.
★ all은 '올'처럼 입 크기가 작아지지 않도록 조심하세요. 입을 크게 벌려서 [어올] 정도로 발음해야 합니다.

- sure enough 아니나 다를까
- at ~에 (장소)
- mansion 대저택
- just 그저, 단지
- ninety-nine[náinti-náin] 아흔아홉의
- in all[ɔ:l] 모두 합쳐

TIP 팁스 병장이 강아지 소리가 나는 쪽으로 가보니, 놀랍게도 납치된 15마리 강아지뿐만 아니라 다른 여러 곳에서 데려온 수많은 점박이 강아지들이 있었습니다. 무려 99마리나 되는 이 강아지들은 모두 어떻게 여기로 모인 걸까요?

101 Dalmatians 05

Storybook page 69

Story 6 05-1.mp3

As soon as the news got back to Pongo and Perdita, they raced toward the mansion.
It belonged to a woman named CRUELLA DE VIL.

그 소식이 퐁고와 펄디타에게 전해지자마자 그들은 저택을 향해 쏜살같이 달려갔어요. 그 저택은 크루엘라 데빌이라는 여자의 소유였죠.

 **Let's Read!** 🔊 Story 6 05-2.mp3

As soon as the news got back | to Pongo and Perdita,

그 소식이 전해지자마자 | 퐁고와 펄디타에게,

they raced★ | toward the mansion.

그들은 쏜살같이 달려갔다 | 그 저택을 향해.

★ race의 r은 입술을 오므렸다가 벌리고 혀를 뒤쪽으로 당기면서 발음합니다. [뤠이스]라고 발음하세요.

It belonged to a woman★ | named Cruella De Vil.

그건 어떤 여자의 소유였다 | 크루엘라 데빌이란 이름을 가진.

★ woman은 강세가 wo에 있기 때문에 a발음은 약화됩니다. '워맨'이 아닌 [(우)워먼]으로 발음하세요.

- as soon as ~하자마자
- news 소식
- got 닿다, 이르다(get)의 과거형
- get back to (소식이) ~에게 돌아가다, 되돌아 전해지다
- race [reis] 쏜살같이 달려가다
- toward ~을 향하여
- belong to ~의 소유이다
- woman [wúmən] 여자

TIP 다시 동물들 사이의 연락망을 통해 퐁고와 펄디타에게 납치된 강아지들의 행방이 전해졌습니다. 이 둘은 저택으로 한 걸음에 달려갔죠. 그리고 강아지들이 태어났을 때 이들을 탐냈던 악녀 크루엘라의 저택임을 알게 됩니다.

101 Dalmatians 06

Storybook page 70

Story 6 06-1.mp3

Cruella wanted to make the puppies into a fur coat! Pongo and Perdita distracted her henchmen while Tibs helped the puppies SNEAK out.

크루엘라는 그 강아지들을 털코트로 만들려 했어요! 퐁고와 펄디타가 그녀 부하들의 주의를 딴 데로 돌렸고, 그사이 팁스는 강아지들이 몰래 빠져나올 수 있게 도왔습니다.

 **Let's Read!**

🔊 Story 6 06-2.mp3

Cruella wanted | to make the puppies | into a fur★ coat!

크루엘라는 원했다 | 그 강아지들을 만들길 | 털코트로!

★ fur은 f발음을 위해 윗니로 아랫입술을 깨물며 바람을 살짝 뺀 뒤 r발음을 위해 혀를 뒤로 살짝 당겨주세요.

Pongo and Perdita distracted her henchmen★

퐁고와 펄디타는 그녀의 부하들의 주의를 딴 데로 돌렸다

★ henchmen은 강세가 hench에 있기 때문에 men은 약해집니다. '헨취멘'이 아닌 [헨취먼]으로 발음하세요. 단수형인 henchman도 발음은 동일합니다.

while Tibs helped the puppies | sneak out.

그동안 팁스는 그 강아지들을 도왔다 | 몰래 빠져나올 수 있게.

- want 원하다
- make A into B A를 B로 만들다
- fur[fəːr] 털
- distract ~의 주의를 딴 데로 돌리다
- henchmen[héntʃmən] 부하 (henchman)의 복수형
- while ~하는 동안
- help 돕다
- sneak out 몰래 빠져나가다

TIP Tibs helped the puppies sneak out은 <help someone + 동사>의 구문입니다. '누가 ~하는 것을 도와주다, 누가 ~할 수 있게 도와주다'라는 의미이죠.

101 Dalmatians 07

Storybook page 71

Story 6 07-1.mp3

Then Pongo and Perdita decided to take all the puppies back to LONDON. The Dalmatians rolled in black soot to hide their spots so that Cruella wouldn't recognize them.

그때 퐁고와 펄디타는 강아지들을 모두 도로 런던에 데려가기로 결정했어요. 달마시안들은 얼룩점을 가리기 위해 검은 그을음에 뒹굴어서 크루엘라가 그들을 알아보지 못하게 했죠.

 **Let's Read!**

🔊 Story 6 07-2.mp3

Then Pongo and Perdita decided | to take all the puppies | back to London.

그때 퐁고와 펄디타는 결정했다 | 모든 강아지들을 데려가기로 | 도로 런던에.

The Dalmatians rolled | in black soot★ | to hide their spots

그 달마시안들은 뒹굴었다 | 검은 그을음 안에서 | 그들의 얼룩점들을 가리기 위해

★ soot의 oo는 [u]발음입니다. 따라서 soot는 [수트]로 발음하세요.

so that Cruella wouldn't recognize★ them.

크루엘라가 그들을 알아보지 못하도록 하려고.

★ recognize는 첫 음절 re[ré]에 강세를 두어 발음하세요.

- decide 결정하다
- take 데리고 가다
- back to 도로 ~에
- roll 구르다
- black soot[sut] 검은 그을음
- hide 숨기다
- spot 얼룩, 점
- so that ~ ~하도록, ~하기 위해
- recognize[rékəgnàiz] 알아보다

TIP so that이 들어간 문장은 '목적'을 표현합니다. so that 다음에 나오는 뒷문장처럼 하기 위해서(목적), 앞문장처럼 행동했다고 해석하면 됩니다. 여기서는 크루엘라가 달마시안들을 알아보지 못하도록 하기 위해서(목적), 그을음 안에서 뒹굴어 얼룩점을 가렸다(행동)는 뜻입니다.

101 Dalmatians 08

Storybook page 72

Story 6 08-1.mp3

When the puppies returned to London, everyone was overjoyed. Their humans, Roger and Anita, decided to buy a place in the country.
"A DALMATIAN PLANTATION," said Roger excitedly. And that is exactly what they did!

강아지들이 런던으로 돌아오자 모두가 기쁨에 넘쳤어요. 그들의 인간 주인인 로저와 아니타는 시골에 한 부지를 사기로 결정했죠. "달마시안 대농장"이라며 로저가 들떠서 말했어요. 그리고 그들은 바로 그렇게 했죠!

When the puppies returned to London, everyone was overjoyed.

그 강아지들이 런던으로 돌아왔을 때, 모두가 기쁨에 넘쳤다.

Their humans, Roger and Anita, decided | to buy a place | in the country.

그들의 인간 주인인, 로저와 아니타는 결심했다 | 한 부지를 사기로 | 시골에.

"A Dalmatian Plantation," said Roger excitedly.★

"달마시안 대농장"이라며 로저가 들떠서 말했다.

★ excitedly는 미국식으로는 부드럽게 [익싸이디들리]로 발음되고, 영국식으로는 t발음을 정직하게 지켜 [익싸이티들리]처럼 발음합니다. 강세는 ci[sá]에 있습니다.

And that is exactly★ what they did!

그리고 그게 바로 그들이 한 일이다!

★ exactly는 미국식으로는 [이그재클리] 혹은 [이그잭을리] 정도로 발음되고, 영국식으로는 t발음을 살려 [이그잭틀리]처럼 발음합니다.

- return 돌아오다
- overjoy 기쁨에 넘치게 하다
- be overjoyed 기쁨에 넘치다
- human 인간
- buy 사다
- place 장소, 부지
- country 시골
- plantation 대농장
- excitedly[iksáitidli] 들떠서, 흥분해서
- exactly[igzǽktli] 정확히, 바로

TIP 영어에서는 감정을 나타내는 동사를 수동형(be + p.p.)으로 표현하는 경우가 많습니다. 본문에 나온 overjoy의 뜻은 '(상황이 사람을) 기쁨에 넘치게 하다'이며, be overjoyed라고 해야 '(상황에 의해 사람이) 기쁨에 넘치게 되다'처럼 주어의 감정을 표현하게 됩니다.

Dumbo

Alice in Wonderland

책을 읽으면서 기억하고 싶은 표현이나 인상 깊은 문장이 있다면 붙임딱지를 활용해서 메모하세요.

출처: (상) 스토리북 p.15 가이드북 p.23 (하) 스토리북 p.18, 19 가이드북 p.29, 31

Disney
CLASSICS

Copyright © 2022 Disney Enterprises, Inc.

Disney
CLASSICS

Copyright © 2022 Disney Enterprises, Inc.

If you have any expressions or impressive sentences that you would like to remember while reading, take notes on this page.

The Jungle Book

Bambi

Disney CLASSICS

Copyright © 2022 Disney Enterprises, Inc.

Disney CLASSICS

Copyright © 2022 Disney Enterprises, Inc.

If you have any expressions or impressive sentences that you would like to remember while reading, take notes on this page.

The Lion King

One Hundred and One Dalmatians

책을 읽으면서 기억하고 싶은 표현이나 나와서 같은 문장이 있다면 뒷면을 활용해서 메모하세요.

출처: (상) 스토리북 p.52 가이드북 p.89 (하) 스토리북 p.72 가이드북 p.123

Disney
CLASSICS

If you have any expressions or impressive sentences that you would like to remember while reading, take notes on this page.

Copyright © 2022 Disney Enterprises, Inc.

Disney
CLASSICS

Copyright © 2022 Disney Enterprises, Inc.

30장면으로 끝내는
스크린 영어회화 라따뚜이

라이언 박 해설 | 324쪽 | 22,000원

국내 유일, 〈라따뚜이〉 전체 대본 수록!

10년 넘게 사랑받은 디즈니·픽사 명작!
〈라따뚜이〉의 30장면만 익히면 영어 왕초보도 영화 주인공처럼 말할 수 있다!

난이도	첫걸음 초급 중급 고급	**기간**	30일
대상	영화 대본으로 재미있게 영어를 배우고 싶은 독자	**목표**	30일 안에 영화 주인공처럼 말하기

# 30장면으로 끝내는
스크린 영어회화 소울

국내 유일, 〈소울〉 전체 대본 수록!

지친 일상, 영혼을 사로잡은 특별한 만남!
〈소울〉의 30장면만 익히면 영어 왕초보도 영화 주인공처럼 말할 수 있다!

라이언 강 해설 | 324쪽 | 18,000원

구성
- 전체 대본
- 훈련용 워크북
- mp3 무료 다운로드

난이도	첫걸음 / 초급 / 중급 / 고급		기간	30일
대상	영화 대본으로 재미있게 영어를 배우고 싶은 독자		목표	30일 안에 영화 주인공처럼 말하기